風の電話

―大震災から6年、風の電話を通して見えること―

佐々木 格 著

風間書房

ガーデン全体

「風の電話」完成当初（2011 年 4 月）

「風の電話」現在

BOX 内の電話と武川さんの絶筆色紙

著者近影

森の図書館の手製看板

子供達の読み聞かせ

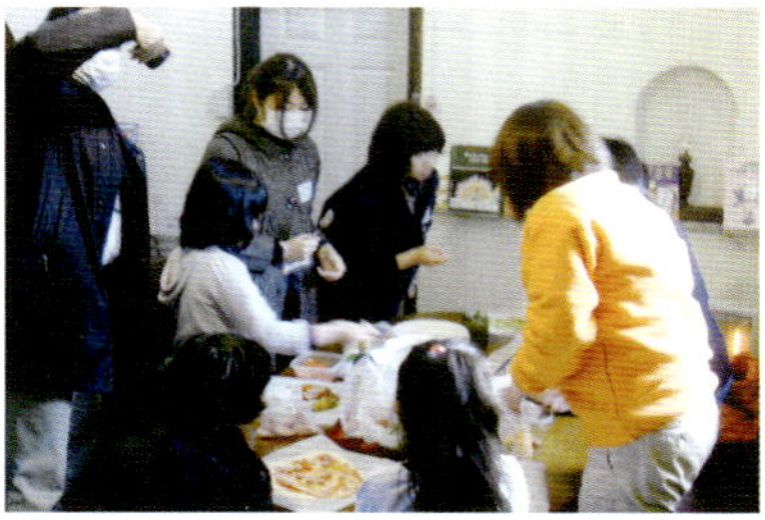

里親の会のピザワークショップ

チェロによるコンサート

建立された詩碑［暁穹への嫉妬］

大槌宮沢賢治研究会講演会チラシ

第１回宮沢賢治イーハトーブ三陸沿岸サミット in 大槌

推薦のことば
――風の電話　鎮魂と再生

慶應義塾大学感染制御センター　臨床心理士　矢永由里子

その「場」に立って

優しい風が吹いていた。穏やかで、柔らかい空気にそっと包まれるのを感じた。

2012年6月、私は浪板の丘、ベルガーディア鯨《くじら》山に立っていた。花々が咲き誇るなかにそっと置かれた風の電話のボックスの情景を、今でもありありと思い出す。

長年、大切な人を亡くした遺族の気持ちに携わる心理職の仕事をしてきたが、この場所に立ったとき、言いようのない深い感動が心の底から湧き上がってくるのを感じていた。

一人の静かな時間を、電話ボックスという守られた空間で持ち、電話という相手へ発信できる器具を目の前にしていると、大切な人への思いが自然な形で湧き上がる。そして、その人へ向けて、黒電話のダイヤルを回し始めるとき、色々な感情がごく自然に出始める。「そう、その気持ちを持って良いのだよ。今、ここで、『言葉』にして出して良いのだよ」という声が聞こえてくる。「この場」に佇み、亡き人を思うことを無条件に受け入れてくれる、そのような場が、風の電話なのだ。

電話に向き合うことで、日々の暮しでは心の奥深いところに秘めている思いが、ぐいぐいと動き始める。そして、それを素直に受けとめようとする自分がいるのに気づく。非常に直接的な風の電話からの呼びかけであり、自然とこちらの気持ちがそれに呼応する。カウンセラーとのやり取りのなかで、徐々に取り戻される感覚が、ここでは、直に、素直に、あっという間に蘇る。

正直言って、「これは、かなわない」と思った。私たち専門職が、何十時間聴いても動かすことが難しい、人のこころ模様が、一瞬にして、動き出す。「場の力」というのは、こういうものなのかということを、全身で経験した思いがした。鎮魂と癒やし、そして再生、すべてのテーマが、風の電話に凝縮されている。そして、一人ひとりのペースに合わせて、ゆったりと気持ちが動きだすことを、風の電話は、受け入れ、許している。空が、海が、花々が、自然が一体となって、私たちを包みつつ……。

本書について

なぜ、風の電話なのか？

この問いかけに答えるのが本書の目的であると、佐々木さんが語る。

これまでに多くの人から、この問いが寄せられ、場合によってはこの活動の経緯や主旨が理解されないまま、表面だけを浅く掬った捉え方で仕事がオファーされるケースも少なくなかったと言う。

今一度、この活動の発端から活動の実際まで、そして風の電話を訪れる人々、活動を支援する人々、そしてこの活動から新たに生まれた動きなど、その一連の流れを綴りたいという思いが今回の執筆につながったと佐々木さんは話す。本書では、様々なエピソードを交えながら、ご本人の思いが、飾らない実直な文体で語られている。

風の電話自体は、ご本人も述べているが、モノである。そこに、いのちを吹き込んだのは、佐々木さんである。読者は本書を読み進めるにつれ、風の電話は、ある日、突然姿を現したのではないことを理解するだろう。この活動が目に見える形になる、その前に、助走があること、そして、この電話ボックスがいかに周到な配慮で配置されたかを知る。画家の確かなデッサンとスケッチの力が素地となって初めて1枚の絵が目に見える形で仕上がるように、風の電話も、様々な準備や思索の上に、初めて、浪板の丘にすっくと立ち上がることができるのだ。

なぜ、風の電話が誕生したか、そこに至るまでのプロセスとして、佐々木さんはご自身の背景を語っている。「地図にない田舎づくり」では、様々な動植物が登場する。自然との触れあいが生き生きと描かれていて、読者はその場に一緒にいる感覚さえ覚えるだろう。また、物作りも玄人はだしである。黙々と土地を耕し、石を積んでいく様は、職人気質そのものである。森の図書館には、筆者も何度も訪れたが、ひんやりとした静謐な空気と、天窓から指しこむ日差しやピザ焼き用の大きなかまど、数多くの絵本によって醸し出される温かさが訪問者を包む。

大切な人を一瞬にして失った人々の悲しみを目の当たりにして、自分の悲嘆とも重ね合わせながら、「今、自分に出来ることを」という思いを佐々木さんは「風の電話」へと結実させていった。深い悲しみと苦しみのなかにある人たちが、亡き人に向け自分の思いを安全な場所で言葉にして語ることで、自分の心を開き、亡き人との語り合いを通し喪失の苦しみが少しでも癒やされればというのが、佐々木さんの願いである。その願いを実際に形にするために動きを創っていく——この実践の過程が本書である。この一つずつの行為の積み重ねは、祈りにも似ている。

佐々木さんご夫妻にお会いした人たちは、お二人の優しさと温かさを肌で感じることだろう。花々に彩られたガーデンでそっと差し出されたお茶を飲みながら、お二人との会話に気持ちがほぐれていくことを経験した人はきっと少なくないだろう。「風の電話」は、お二人の存在があって、生き生きと本来の目的に向かって力を発揮するのだ。

風と電話、その役割について

大きな喪失を体験した人たちは、自分の感情に圧倒され、押し黙ることでどうにか気持ちの安定を図ろうとする。しかし、心のなかでは、沢山の「なぜ」が渦巻く。なぜ、あの人が亡くならなければならなかったのか、なぜ、自分ひとりが残されたのか――悶々と独り言を繰り返す。風の電話は、遺族の心を徐々に解き放す。風とともに。

風、そして、電話は、二層の意味を持っている。一つは、象徴的な意味合いとして。もう一つは、遺族が、現実の世界で、亡き人との交流を体験することを促すものとして。

風という大気の流れは、古今東西、私たちに、大切な思いを託すという気持ちにさせてきた。読者の皆さんがご存じの「千の風になって」の歌では、風が亡き人の思いを伝えるものとして象徴的に扱われている。また、電話は、人と人とを結びつける象徴的な存在である。「この場をあなたと私が共有する」機会を提供できるという点において、現代の通信の花形であるメールやラインでは為し得ない大きな力を発揮する。

同時に、この風と電話は、「風の電話」の舞台では、私たちに、現実（リアルな世界）のなかで、亡き人との再会と交流という内的な体験をそっと後押しする役割を果たしている。

小高い丘のガーデンに立ち、風を身体全体に纏《まと》うことで、その風が、亡き人の思いを運んできてくれ、また同時に、自分の思いを伝えてくれることを直に感じ取る。そして、電話口で話し始めたとき、私たちは、電話のその先に、愛しい人の存在を確かに感じ、これまでじっと秘めていた思いを語ることができるようになる。私たちは、思いを言葉にし、相手に語りかけることで、相手へその思いを伝えることができる。言いたくても言えなかったこと、最後に添えてあげたかった言葉を、一つずつ相手へ伝えていく、その体験過程を、電話は促してくれるのだ。「相手とつながった」という感覚を多くの遺族の方が感じ取っているだろう。震災で突然ぷっつりと途切れた糸が、遺族の心のなかで再び亡き人とつながり始まる。亡き人との再会であり、また関係性の再開でもある。「あなたとの思い出とともに、これからも生きていこう。この糸を私は紡ぎ続けるのだ」という力が自然と湧き上がってくる。人は、それを再生と呼ぶ。

この本をあなたへ

本書は、震災支援に携わる方々を始め、人のこころを扱う対人援助職とその領域を学ぶ学生の方々、そして、教育関係者の方々にも是非手に取っていただきたい。

喪失と悲嘆は人生の一部である。読者は本書を通し、悲しみに寄り添うことの意味が一層明確になってくるだろう。

また、本書の後半には、「風の電話」がきっかけで生まれた小学校、中学校の先生や生徒さんたちと佐々木さんの交流のやり取りが書かれている。人を育成することへの数多くの示唆も含まれている。人間にとって、生きるための基本として、想像力と感性がいかに大切なものであるかを読者も感じ取られることだろう。人間教育としても、「風の電話」は力強いメッセージを私たちに与えてくれる。

そして、皆さんにも、是非、この「場」に佇んでいただきたい。思いを馳せ、見えないものを観、聞こえないものを聴き、そして感じ取ること、それこそ、身体全体で体験できる貴重な機会になるだろう。

今後の佐々木さんご夫妻の益々のご健勝とご活躍をお祈りしつつ、ペンを置きたい。

目次

第3章　「風の電話」から見えるもの……75

第4章　「場」の力……117

風の電話

佐々木　格

人は皆過去を持ち
現在があって未来がある
又その時々に出会いがあり別れがある
風の電話はそれらの人々と話す電話です
あなたは誰と話しますか
それは言葉ですか文字ですか
それとも表情ですか
風の電話は心で話します
静かに目を閉じ
耳を澄ましてください

「風の電話」ライトアップ

風の音が又は浪の音が
或いは小鳥のさえずりが聞こえたなら
あなたの想いを伝えて下さい
想いはきっとその人に届くでしょう

ロックガーデン

序章

東日本大震災から6年目の2017年3月11日早朝、私は「風の電話」ボックスの中にいた。ガラス越しに見える船越湾の穏やかな海の景色も、決してあの日を忘れさせるものではなかった。あの日、何もかもが失われ多くの犠牲者が出た。被災現場に駆けつけた時、どこの世界に紛れこんだのだろうかと頭が混乱し、状況の把握について行けなかった。「落ち着け、落ち着くのだ」と自分に言い聞かせ、なんとか気持ちを保つことができた。次第に全容が見えてくるに従い、「こんなことがあるはずがない。こんな不条理なことが起きて良いはずがない、一体俺達が何をしたというのだ、これほどの報いを受けるどんな大罪を犯したと言うのか」という疑問と強い怒りが込み上げてきた。しかし、その怒りの塊はどこにも持っていき場がなかった。

あの日から6年が過ぎ、その海の穏やかさが逆に、当時の衝撃やその時感じた不条理な思いを新たに思い起こさせる。しかし、怒りの発露ではなく、心を静め魂に呼びかける「風の電話」を取り巻く状況は大きく変わってきた。震災当初大切な家族を亡くし残された遺族は、故人のことを思い出すと自分の感情を保てなくなるほどの悲しみ、苦しみに襲われ、思い出すことに痛みと辛さを伴った。しかし、現在ではひとつひとつが懐かしい思い出に変わってきていると感じる。「思い出すことで心が壊れそうになるから、思い出すことで故人を愛おしむ」ようになってきた。大切な人を亡くした悲しみ、苦しみの日々から「自分がしっかりと生きて故人を供養し守っていかなければ、亡くなった人に申し訳ない」という意識の向け換えができ、自らの歩むべき道筋を定め、天国から見守って欲しいという懐かしむ気持ちに変わってきていると感じる。そして私自身を含めさらに大きな変化、心の復興に向かって進もうとしているのではないだろうか。

日々の暮らしの中、人の生き方には千差万別あるようにまた、死に方もこれで良いというものは決してない。東日本大震災で亡くなった方は関連死を含めると東北3県で2万人を超えている。それらの多くの人達は、迫り来る津波から逃れようと懸命に生き延びる努力をしたことだろう。

ある人は、車で避難しようとしたが渋滞で身動きが取れなくなり、車ごと津波に飲み込まれた。またある人は、2階に逃れたがそこにも津波が押し寄せ、必死で天井板を破り屋根に上ったが、家ごと流されてしまった。また寝たきりの母親を軽トラの荷台に乗せ、避難しようとした矢先にトラックごと母親は波にさらわれてしまった。また山の斜面を兄が妹を下から押し上げるようによじ登っていたが、妹が振り返って見たら、波にのまれて兄の姿がなかった。また津波からなんとか逃れたと思ってホッとする間もなく、火災に巻き込まれ亡くなった。それら犠牲者の中には妊婦もいた。また、生後間もない赤ん坊も母親の手から奪い去られた。結婚式を間近に控えた若い2人もあった。家を新築し鍵の受け渡しをしたばかりの人もいた。それぞれが幸福の絶頂にあったのだが、一瞬でその幸せが奪われてしまった。その最期の事例は枚挙にいとまがない。

亡くなられた方々は、最期の最期まで生きようと懸命に努力をした。それが叶わないと知った時、静かに家族の無事を祈って逝ったことだろうと思う。

残された遺族にしても、せめて最期に一言ことばをかけてやりたかったはずだ。それら無念のうちに亡くなった方々の想いと、残された遺族の想いをつなぐものが絶対に必要になると考えた。しかし、ライフラインが全て止まった状況下で、在宅被害者である私たちは当初、食べ物、水の確保等、自分達の生活を維持していくので精一杯だった。全てを流され避難所生活を送っている被災者と、一緒に避難所で食事をとることはとても気が引けてしまい出来なかった。3月末に電気が復旧し、気持ちのうえでも若干余裕を持つことが出来た。その後、時折雪が降る寒さの残る年だったが、こうしてはいられないと中断していた「風の電話」工事の再開を始めた。そして東日本大震災後の4月20日、「風の電話」を完成させ立ち上げた。勿論、山の中のことであり私達家族以外は誰も知ることはなかったと思う。風の電話はどこにも線はつながっていない。線がつながっていないので、亡くなった大切な人とはつながることはもう出来ないのだとなると、そこに残るのは残された者の絶望感だけである。残された遺族にとっては、どんなに辛くても目の前の日々を生きていかなければならない。衣食住があれば事足りるというものではなく、生きていくためには夢や、希望の精神的な支えが絶対に必要なのだ。

「線はつながっていないけれどつながれる」「何も聞こえないけれど伝わっているような気がする」「何も見えないけれど電話の向こう側に感じることが出来る」……電話線がつながっていないからこそ想いはつながるかも知れない、それが心の想像力であり、人の持つ力なのかも知れない。これが希望であり、生きる力になる。科学の力では不可能なことを、人間が持つ想像力は可能にしているのだ。そしてこれが、生きる力或いは、神とか信仰にもつながっているのだと考える。そして、それを具現化しているのが心で話す「風の電話」なのだと思っている。

「風の電話」を立ち上げた4月の末に朝日新聞社の記者が訪ねて来た。本来であればこの4月は、統一地方選挙の大槌町長選挙の時期でもあった。私自身もある候補者の後援会に入り、震災前まで活動に奔走していた。しかし、壊滅的な打撃をうけた大槌町は、町長含め40人の職員を亡くし、選挙どころではなくなっていた。そうした現実を住民はどのように考えているのかという取材目的だった。当時私は、「風の電話」の後の計画を実現すべく、同じ敷地内で、２００９年から始めた石積みの建築物の作業に取り組んでいた。当初は出来るかどうかも分からず、もし出来なければ石の壁にして、「ガーデンのバラでも絡ませるか」ぐらいにしか考えていなかったのだが、大震災で学校や図書館も、本屋さんも流され、本を読む場所をなくした子ども達にその場所を造ろうと考えていた。記者が来た時、私自身も命にかかわるような事情があった後でもあり、それどころではないという状況だった。また「この非常時に何を馬鹿なことを聞きに来るのだ」と思ったほどだった。しかし、新聞記者から取材を受けるなんてことは滅多にないことだと思い直し、選挙の話以外にも「風の電話」を立ち上げた話をした。まさか電話のことが新聞に掲載されるとは思ってもいなかったのだが、5月9日付の朝日新聞の全国版に選挙の談話ではなく、

「風の電話」を紹介する記事が掲載されたのだった。その日のそれからがスマホ、ツイッター上で大変なことになっている状況を後で知ることになるのだが、私たちを取り巻く状況が一変してしまった。当時は震災の影響で携帯はもちろんのこと電話も通じていなかった。従って、通信手段は郵便だけだった。翌日より全国各地から手紙、はがきが連日届くようになった。手紙は、「感動した」「読んでいて涙が止まらなかった」「風の電話に行ってみたい」という内容のものがほとんどだった。また、取材したいとする雑誌・テレビ局も多く、その流れは6年を経た今でも余り変わっていなく、昨年後半からは海外のメディアからの取材要請が目立っている。そうした機会に多くの方とお会いし、お話をさせて頂く中で「なぜ風の電話が出来たのか」「なぜそのような発想が出てきたのか」「お前はどういう人間なのだ」という疑問を持たれる方が多かった。１９９３年の北海道南西沖地震、１９９５年の阪神淡路大震災、２００４年のスマトラ島沖地震、２００７年の新潟県中越地震等の地震・津波やその他の自然災害において多くの犠牲者を出してきた事例が沢山あったはずだが、なぜ２０１１年東日本大震災の後に「風の電話」というものが出てきたのかと不思議そうに訊ねられた方がいた。

確かにそれなりの事由がある。本人が意図しない時に偶然に何かが生まれることはあるかも知れない。しかし、私は殆どの物事は本人が意識し、それをやろうとする意志が働いた時に必然的に出来るものだと考えている。従って、「風の電話」も誕生する過程には、私自身の幼児体験や少年期・青年期を含め今まで歩んできた人生の全ての経緯の基に、そこに作らなければという意志が働き、必然的に誕生した〝ものごと〟なのだと考えている。私にも明快にこれだからそうした発想が出来たのだとは言い切ることはできず、難しいことではあるが、それらの「なぜ」に答える為にも私の今日までの生き方、また時代を振り返り、皆さんと共にその過程を見つめ直し、「風の電話」誕生の必然性を検証してみたいと考える。

また、震災から6年が経過し、その間多くの方々と交流する機会に恵まれた。「風の電話」を通じて私自身が見たこと、聞いたこと、感じたこと、考えたこと、今やっていること、これからやろうとしていること等を明らかにし、「風の電話」とは一体何なのか、無くても誰も困らないけれど必要なものであるのか、いわば〝無用の用〟とでもいえる存在なのか、大切な誰かを失った人を慰謝する「心のインフラ」たることに耐えうるものなのか、単なる年寄りの戯言なのか、改めて考えてみたい。

東日本大震災からの復興は未だ途中である。遅れていると言っても良いだろう。単なる復旧ではなく、これからその地域が持続可能な復興を目指す今こそ、新しい歴史を創造する発想が求められる。見えないもの・聞こえないものにも価値を見出し、想像力を働かせて多方面から物事を考え、何が大切で何が大事な事なのか、物事の本質とはどのようなことなのか考えることが必要な時期に来ているのではないだろうか。

第1章　自然回帰への想い

1、地図にない田舎づくり

１９４５年2月15日、岩手県釜石市に生まれた私は、幼児期には病弱で両親をだいぶ心配させて育ったようだ。その為か内気で人とのコミュニケーションが苦手で、少年期を通して楽しかったという記憶はあまりない。

17歳の時父親を病気で亡くしてから一層その傾向は強まったと思う。しかし、そうした気持ちとは裏腹に私自身の内部に「何時かきっと見ていろ」という想いは強くなっていった。

20歳ごろより孤独な想いは油絵を描くことに向けられた。釜石製鉄所の真道会美術部に所属し、休日の時には丸1日、寝るとき以外の16時間は社員クラブのアトリエに籠り、石膏デッサンをしていた。

会社の職場美術というのはだいたいにおいて写実傾向が強いのだが、人と同じようにすることが性に合わず、心象的な作品を描いていた。20年ほど絵を描くことによって得た「全体の調和というか、部分的にいくら優れていても全体としてバランスがとれていなければそれは決して良い作品とはならない」ということが私の考え方、生き方の基になっていると思う。

しかし、人と同じ選択をするという多数派には馴染めないものがあり、組織で仕事をする製鉄所の職場環境は決して心地よいものではなかった。だから職場の安全に関する会議等では、意見が掛内（釜石製鉄所の組織として、部がありその下に課、工場そして、それらはいくつかの掛で構成されていた）で反発を招くことも多かった。しかし、掛を越えて工場全体として間違った考えでなければ、それは掛を越えて評価されるべきであり、狭い範囲の面子にこだわり全体として過った判断をすべきではないと考えていた。そういうことから通常はありえない他掛に移籍するということも経験してきた。その時なども部分にとどまらず全体の調和、バランスという視点は大事なことだと思ってきた。

40歳の時、釜石製鉄所の高炉休止に伴う新規事業が次々立ち上げられ、私もそのうちの一つである（株）日鉄ライフ水産加工センターに出向した。鉄から魚への転換だったが、製鉄所で全体の一部として働くよりも工場全体を統括する工場長としての仕事の面白さに時間を忘れ、それこそ家庭も顧みずのめり込んでいった。

自分はサラリーマンだということを忘れていたようだった。新規事業の成功に向け邁進した。そのかいあって社員・パート含め１４０名からの人を引き連れ、11年目には年商20億円の売り上げの事業となっていた。数ある新規事業で唯一黒字経営が出来た事業だと記憶している。

事業が安定すると、何時までもこんなことをしていていいのか？という気持ちが沸き起きてきた。自分の時間は限られている、本当にやりたいことを思う存分やりたいという想いが膨らみ、ついに自分の好きなことだけをやると決断した。これからは自分の田舎、「地図にない田舎」つくりをするのだと、サラリーマン生活に別れを告げた。

2、家へのこだわり

私は釜石市の小川町で誕生し以来、住まいは会社（新日鉄釜石製鉄所）の社宅だった。勤続年数と職務級制度による点数で入居できるところが決まってくる。父親の点数で入っていた中妻町のアパートだったが、17歳のときに父親は病気で亡くなった。当時、私もすでに新日鉄釜石に入社していたが点数が少ないためにアパートを出なければならなかった。その後、製鉄所合理化の嵐が吹き始める時期と重なり、社宅が集約されたこともあって、アパートを出てから10年の間に4回も引越しする羽目になった。会社の都合に翻弄され、落ち着かない日々を過ごすうちに10年が過ぎていた。一刻も早くお袋を安心させなければと思い、社宅を取り壊し更地になった土地を購入し、会社から金を借りて家を建てた。そこで過ごした27年間に、結婚し3人の男の子にも恵まれた。子育て環境や、生活全般にわたっての便利な環境には感謝してきた。

しかし、子供達も大きくなり手がかからなくなると退屈な時間を持て余すようになった。何でも揃っている便利な環境は、新たに何もすることがないと言える。66平方メートル程の庭の手入れを始めてもすぐに終わってしまい、隣近所の植木を剪定して回っても簡単に済んでしまった。後は何か手持ち無沙汰を感じ落ち着かない日々を過ごすようになった。家の三方を隣近所に囲まれ、圧迫された居住環境も気になり始めた。もっと広い空間で誰に気兼ねすることなく澄んだ空気を胸一杯吸い、緑の木々に包まれ自分たちの晩年を楽しむための、終の棲家を考えるようになっていた。

自然のサイクルの中で春が来て緑の空気を吸い、木々や草花と共に日々を過ごし、沸き起こる満足感に喜びを感じる。季節が移り晩秋の葉の色に落ち着きを取り戻し、冬の寒さや、静けさにあっては耐える生活を、そして暖炉の炎の揺らめきに、やがて訪れる翌春の計画実現を思い描く生活にこだわっていた。今でこそ言えることだが、釜石当時は住むため、暮らすために必要な家だった。しかし、これからの家は、暮らしを、楽しむための家である。リビングの真ん中に暖炉があり、全ての部屋や浴室も南向きであり、キッチンは家の１番良い場所にあり、海を見ながら炊事が出来るように配置をする、火と海と緑にこだわった家づくりを考えていた。

3、楽しみは山暮らしの中に

今を去ること19年前の１９９８年９月。漠然としていた田舎暮らしの夢が俄然現実味を帯び、

購入した土地

その後の生き方に大変化をもたらしたのは、希望通りの土地を手に入れたことによる。

山の中で海が望めるところ。土地に小川が流れ、1000平方メートル以上の土地が確保できる場所という条件で、7~8年ほど三陸海岸を三陸町から山田町まで足で歩き探し回った。しかし、何れも「帯に短し襷に長し」で半ば諦めかけていたところだったので、その喜びは非常に大きかった。

その日を境に、休日には釜石から大槌の山に通い、借りた重機でカヤやノイバラの根を掘り起し、山肌をならしていった。またそれと並行して家の位置決め、庭の配置など構想がどんどん膨らんでいった。そして半年後には、家の設計も建築業者も決まっていた。

しかし、この間、大きな問題が2つ出てきた。

建物の外観が見えてきた

一つは仕事をどうするのか。何しろ山に来て自然の中で土いじりをしていると、会社で仕事する何倍も楽しく過ごせた。休日だけでなく毎日山に居たくなっていること。もう一つは、妻が気持ち良く移住について来てくれるだろうかの2点だった。

心配だっただけに、妻の気持ちに関しては事前に手を打っておいた。休日になると「さあ今日も行くぞ」と毎週山の移住先に誘い、木イチゴの実をいっぱい摘んで食べたり、ジャムを作ったり、桑の実を焼酎に漬けヴァイオレット色の果実酒を作ったり、アケビのつるで籠を編んだりと、山の中の生活は町で暮らすのとは違い楽しいことが一杯あるのだと、また家の設計段階から一緒に北上、盛岡とハウジング会場を見たりハウスメーカーとの打ち合わせに飛び歩き、

マインドコントロール期間。アケビのツルでカゴを編む

山暮らしの夢をどんどんと大きく膨らませていった。いわばマインドコントロールをしていったつもりだった。しかし、これは杞憂に終わったようで、妻もまたそのような生活を望んでいたようだった。妻の問題は、努力の甲斐あってかあっけないほどすんなりと了解を貰えた。また、仕事の方は当初の想いを最優先に考えて、何の為に山に移住するのか自問し、自分たちが山の暮らしを楽しむ為で、それ以外のことは余計なことなのだという結論に当然落ち着いた。そして、家の建築着工前に会社を早期退職、サラリーマン生活に別れを告げ「自分の田舎づくり」という〝遊び〟に専念することになった。……54歳の春だった。

私の場合、山暮らしイコール田舎暮らしなのだが、それを息子たちや孫にも、都会生活から実家に帰ってきたら、そこでの生活をおもいきり楽しんでもらうという継続的な目標があった。だから長期的な自分の〝田舎づくり〟へのチャレンジであり、そこの生活を楽しむところにポイントがあった。自分では「地図にない田舎、アンティークな田舎づくり、世界でただ一つの田舎づくり」なのだと意識を高めていった。

今から60年ほど前、父親の田舎（岩手県紫波町）によく連れられて行き遊んだものだった。その頃は炊事をするにも、風呂を沸かすにも、暖を取るにも薪を焚くという体験をしていた。10歳前後であったが、田舎という所は何という素晴しいところなのだと感じた記憶がある。広い畑には野菜でも西瓜、瓜、木にはりんご、葡萄なんでも実っていて食べ放題だった。戦後の食糧事情に困窮した時代を経験している自分にとって、こんな良い所は他には無いという記憶が、今も暖炉に薪を焚くと煙や木の匂いと共に思い出される。

したがって、私にとって田舎暮らしの〝らしさ〟である「食べたい物は自分で作る」ということ、それには多少なりともガーデンの中に畑を作ること、果実が実る木を植えること、また、「火を燃やす」という行為を家の中で出来ること、それも家の真ん中に暖炉を置き炎のゆらめきを眺めながら暖を取り、炊事も出来るようにするという理想の構想は1年後現実のものとなった。

暖炉（グルント・オーフェン）にするか、鋳物ストーブにするか大分迷ったところだが部屋の広さに対応する発熱容量・薪の熱効率など選択条件はあったが、なんと言っても石造りの暖炉の存在感とは比べようがなかった。只、暖炉本体、煙突を伴せると３３００kgの重量となり、後付は不可能なため結論を早く出し、家の基礎工事より先に暖炉の基礎工事を済ませなければならなか

暖炉工事中

暖炉

った。工事の段階も逐一見せてもらい、後の自己流レンガによる暖炉作りにも参考にさせてもらった。こうして私の田舎暮らしは始まったのだった。

東日本大震災の折、ガーデンの畑で栽培したジャガイモ、大根、白菜、キャベツの保存野菜や木の実の保存、ジャム等が、何も手に入らない状況下では家族の命綱となった。また、薪焚の暖炉も停電し灯油も手に入らない状況下で暖房から炊事、身体を拭くお湯沸かしと大活躍で、非常時でありながらそうした生活を楽しむ余裕を与えてくれた。

4、縄文～21世紀へ

大槌町浪板のこの場所は、船越湾を望む三陸海岸随一の高さを誇る鯨山（６１０ｍ）の麓《ふもと》にあたり海抜55ｍのこの辺り一帯は、約４５００年前の縄文中期、縄文人が暮らしていた白石遺跡である。21世紀に暮らす私達が、縄文人と同じ海から昇る「日の出」を拝《おが》めるところでもある。

「日の出」もさることながら、それ以前の東の空がわずかに赤みをおびる「暁」から、雲の色が紫に変わる「東雲《しののめ》」、そして「曙」、あたりが明るく輝く「日の出」までの大自然の移り変わりが、ドラマを観ているがごとく素晴しい環境である。毎朝同じ情景というものはなく、かつて宮沢賢治はその薔薇《ばら》輝石色に輝く空に「暁穹《ぎょうきゅう》への嫉妬《しっと》」という詩を詠んでいるが、地球も一つの

ベルガーディア鯨山の日の出　夏至に向かう日の出

生命体ということを実感させてくれ、賢治でなくとも感動する。太陽が海から或いは山から昇る瞬間は、真赤というより黄金色に輝き、真に神々しいとしか言いようがない。黄金色の光は朝の冷気を切り裂き、目にする者の全身を包みこむ。この瞬間全ての物から色は無くなり、形だけが投影される。正に神を、祈りを感じるひと時だ。なんという幸せな気分だろう。きっと縄文人も同じ感覚を抱いたに違いない。縄文から21世紀に続く私の財産だ。私が購入した土地は、現況では山林であったが、元々の地目は畑で農地だった。そこで町農業委員会に農地転用願いを提出してもらい、宅地と原野に用途変更が認められた。農地によっては、農業振興地域という法律で農業以外の用途への転用は厳しく制限されている所もあるが、私の場合、その農

借りた重機で開墾中

地は農業振興地域から外れており非常に幸運だった。理想の土地がみつかり、石を運び入れ、少しずつ構想は現実となっていった。

当初購入した土地の面積は１４９０平方メートルだったのでその範囲で庭づくりを考えていた。しかし、翌年には土地面積は２３１０平方メートルを超えていた。これは、地主が土地５２００平方メートルを所有していたことに起因する。せっかく海が見えるところに土地を求めたのに、我が家より手前の土地が他者に渡り、家でも建てられたら、せっかくのロケーションが台無しになってしまうと考え、地主には手放す場合には先に声をかけてくれるように話していた。そのような訳で、５年ほどの間に３３００平方メートル以上の土地が登記されることになっていた。このように書くと「えっ」と驚かれるかもしれないが、それには及ばない。山の中であり、戦後一時は田んぼであった湿地であり、ほんの二束三文で手に入れたもので驚かれるほどのことはない。只、そんな土地をコツコツと耕して、改良し、暗渠《あんきょ》を7本も入れ、地面を普通に歩けるようにし、花を植えるようにした大変な努力あっての土地なのだということはご理解いただきたいと思う。従って、庭づくりは敷地が増えたその都度、それまでの庭の雰囲気に合わせ、それこそ全体としてのバランスを崩さないように、しかも出来る限り自然に見えるよう気を配って作っていったものなのである。

また終戦後、集落の人達が開墾して作物を作った処でもあったが、耕作を止めて50年程経っている。今では杉林になり、雑木で荒れ放題になっているが当事を偲ばせるものとして、山道脇の石積み群がある。畑を耕す時掘り起した石を、土地の境界に積み置いた石群なのだろう。当時の人達は全て手作業で自分の力だけが頼りの仕事だったろうが、よく動かしたものだと感心する。当時の所々に動かせなかった大きな石が残っている。私の小型の重機を使ってもビクともしない代物である。耕作の邪魔にしつつも、自分の体力と折り合いをつけながら畑仕事をした当時の人達の姿が目に浮かぶ。

5、自然が育てるガーデン

私が入植し再び山肌を削ったことで日常生活に支障がでてきた。雨が降るとドロドロ、ベタベタ。風が吹くと土埃《つちぼこり》が舞い上がり目も開けられない、洗濯物も黄色くなる始末。その頃、庭づくりも少しずつ進めていたが、それらの問題を解決する為には一刻でも早く、何でも良いから地面を緑で覆ってしまい庭らしきものにする以外になかった。ところが私の土地には庭に使うような石はなく、隣の畑には大きな石がごろごろしていて、石の間を畑にして耕しているというような状況だった。

そこで、お隣さんに畑で邪魔になっている石を全部譲ってくれないか、と話を持ちかけたところ二つ返事で承諾いただけた。翌年、春の畑仕事が始まる前の３月末、大型重機と作業を業者に委頼した。２日の予定が４日に延びたが、大小１００個程の石と、隣のお婆さんが昔嫁いだ時に畑に植えたという樹齢80年の梅の木を移植した。

大型重機でなければ二度と動かすことは出来ないような大きな石は、庭作りをイメージしながら配置していった。梅の木は絶対枯らさぬように、とにかく活かすことを最優先にし、樹高を半分に切り詰め、小さな枝もほとんど切り落とし、根周りを直径２メートルぐらいに掘り起した。

樹齢 80 年の梅の木を移植中

それを重機で吊り上げ、そろりそろりと運搬した。家の玄関予定地前の、しかも梅樹の双幹の間から海が望めるという場所に移植した。移植に万全を期したためとその後の管理も良かったのだろう、成育も順調で毎年春には薄ピンク色の花を枝一杯咲かせてくれる。

庭づくりで最初に手がけたのは、１４９０平方メートル全体を大きくゾーイングし、ペービング（小径）と芝生スペースを造ることだった。海を望む正面の１６５平方メートルほどのスペースに芝を張り地表を覆った。

次に、ペービングは石畳にすることにし、山沢からトラックで石を運び、来る日も来る日も並べ続けた。石畳は当然表面を出来る限り平らにしなければならず、また、三方向隣り合った石と密接しているのが望ましいのだが、自然石相手では思うようにいかず、１日かけてせいぜい２メートル出来れば良いほうだった。今では庭全体で１００メートル程になっている。この石を並べたことが後々の石垣造り、また石積みの建物につながっていくとは、その頃は夢にも思っていなかった。

ペービングと芝張りが決まってしまえば、後は、ゾーニングしたところに草花や樹木を植栽していくだけだが、ここで気を付けなければならないことは、何でもかんでも闇雲に植えないことだ。私は地表を覆うことを優先させたため、これをやってしまった。種類を選ばず植え込みしていくと、後で増えすぎて後悔することになる。特にそれはハーブ類に言える。

私がガーデンに植えた樹木の多くは、家を建て替えるとか、駐車場を作るからとか、和風の庭を洋風に変えるからとか、それぞれ事情があって、今まで育てた樹を切ってしまうのは忍びない、かといって掘り起こすこともできないと相談を受け引き取ったものが大半だ。「世の中面白い」と思うのはこんな時である。人それぞれに様々な価値観があり、何が大事なものかは異なるが、私が貰い受けた樹木はいずれもそれなりの年月をかけ育てられていて、時間の経緯による風格・味わいのある樹になっていた。只、それらの樹木を掘り起こし、植え付けする労力は自前もちで、「良くやったものだ」と思えるほど大変なものであった。

家の後方で北西に位置する和風の庭は、石の間にそれら貰った皐月を大刈り込み仕立てに配置し、全体を表面に見える「三陸の海」を連想させるようにしている。梅雨時の、苔に覆われた雰囲気は、古刹の境内を感じさせる私のお気に入りの庭であった。しかし、震災後、家の周囲にあった杉林は防災集団移転団地に生まれ変わり、全ての杉は伐採された。そして、その周りは3メートル近いコンクリートの擁壁で囲まれ、土にセメントを混ぜ改質されてしまった。震災以前に生活していた土地は津波により災害危険区域に指定され、住まいは建てられない。災害によるやむを得ない措置とは言え、子供たちの遊び場「木っ木の森」に隣接する森の伐採は、私たちにとっては正に環境破壊であった。ゼネコンの造成のやりかたには、効率的方法の発想力はあったが、環境に対する想像力が無かったと感じる。しかし、それぞれの立場ではベストの措置であったことを信ずる他は無い。

その後、静岡県ボランティア協会の方々とお話しする機会があり、無機質なコンクリート擁壁を和らげるようにつるバラの植栽をすることを話したところ、静岡のバラ苗生産者ブルーミングヤードの上内《じょうない》さんを紹介され、コンクリートの擁壁をつるバラのウォールガーデンにしようと話がまとまった。

7月中旬、バラシーズンもそろそろ終わりに近づいた頃、静岡県ボランティアセンターと上内さん一行20数人がやって来て植え付け用の穴掘り、そこに肥料入り培養土を入れ植え付けまでを終えた。つるバラは四季咲きの種類が多く、秋にも充分花を楽しむことが出来た。大震災があり被災者の住環境も大きく変わり、それに伴うプラスマイナス面が表面化してきたが、マイナス面を放置して嘆くのではなく、それをプラスに変え生かす工夫がされなければ「山暮らし人」にはなれない。それもこれも皆さんの協力があってのことだが、この様に私の住環境をとりまく事情は、広さを含め常に変化している。ガーデンのもつコンセプトを生かしながら、その変化に対応していかなければならない。そうでなければ個人のガーデンなどは簡単に消滅してしまうだろう。

今年の春には、２週間程かけ鉄パイプの支柱とワイヤーを張り巡らし、33本のつるバラの枝を留め、コンクリート擁壁をバラの咲く壁に変身させてしまった。ウォールガーデンの完成である。表面の庭は、コニファーガーデン、ロックガーデン、ハーブガーデン、ローズガーデンと分かれてはいるが、前に書いたように、長い間に草花は入り乱れ、ある部分境界は無きに均しくなっている。しかしそれが自然であり、ナチュラルガーデンを標榜《ひょうぼう》するのであればそこが魅力となるし、作り手の技術を超えた良さとなる。各ガーデンにはそれぞれの良さがあり、どれかひとつが欠けても寂しいものになるだろう。ベルガーディア鯨山を訪れ、「癒し」を感じると思うのは、自然の中にもメリハリを付けたガーデンづくりという良さを感性で共感できるからなのだろう。

6、ライフスタイルの見直し

今までのサラリーマン生活と違ってお金はないが、時間に追われることもなく誰に気兼ねすることもない。全てマイペースの生活になることで、一歩間違えばぐうたらな朝から酒を飲んでいるような恐れもあった。そこで山での生活をするにあたって自分の行動に次のような一つの取り決めを設けた。

それは、「曲がりまっすぐ、でこぼこ平ら、貧乏豊か」に生きる。つまり、田舎暮らしはきっちりと測ったようにまっすぐだったり、平らである必要はないのだ。曲がっていても、でこぼこであっても遠くから或いは、俯瞰してみればまっすぐに、平らに見える程度であれば良い。また、お金は無くとも自分で育てた作物を足しにして、心豊かに暮らせれば良いというものだった。今考えてみれば、やろうと思っても出来ないことは無理をしない、出来ることをゆるりとやる、細かいことに余りこだわらないと、田舎暮らしに気持ちから入っていったように思える。

山暮らしは恵みが多い。木枯らしが吹く12月になると、毎年クリスマスより一足先に自然界からプレゼントが届く。朝、玄関を開けると一面に黄土色に輝いた杉の枯葉（すぎっぱ）が落ちている。

「オーイ、母さん今年も届いたぞー」。それから2人で「毎年宝物をありがとう」と言いながら肥料袋にひと冬分暖炉の着火材となる贈り物を拾い集め、冬越しの準備をするのが毎年の恒例になっている。

薪も同様に近くの山林の間伐材、国道沿いの整備で伐られた雑木、家屋の解体材、庭木の剪定、

暖炉の焚き付けになる杉葉拾いをするボランティア達

台風や雪害で倒れた木等々、さまざまな経歴の木材が夏までにチェーンソーで切られ斧で割られて薪小屋に積み上げられる。最近ではストーブで薪を焚く家が増えてきている。ライバルが増えると、そうしたただの材料は手に入り難くなる。その場合は林業を生業としているところより薪材を購入することになるのだが、チェーンソーで玉切りし、それを割って薪小屋に積み上げ備える作業工程には変わりはない。

使用するエネルギーの全てではないが灯油、ガス、電気ではなく木を燃やすことによる省エネ、及び地球温暖化防止にも一役買っているという密かな満足感もある。この満足感こそ、豊かに生きている証だと思っている。

私の住む大槌町は朝6時の時報に「われは海の子」の曲が流れる。「煙たなびく苫屋《とまや》こそ我

小屋の前で薪割り中

が懐かしき住家なり～」。海の見える山の中、屋根の煙突から煙がたなびいている。つい50～60年程前までは薪の炎に頼って生活をしていたから、どこの家の煙突からも煙がたなびいていた。ごく普通の情景であり生活だった。

薪の炎の暖かさや温もりが忘れられて久しいが、東日本大震災後、建築される家に薪ストーブを設置するのが見受けられるようになったことは喜ばしいことだと思う。

大震災のあの日、全てのライフラインが止まり、豊富な物やエネルギーの心配がない生活が一瞬で失われた避難所生活者、孤立した在宅被害者。便利一辺倒な生活を見直すには余りにも大きな衝撃と犠牲だった。

便利な生活を手に入れると前の不便な生活に戻すことは難しいが、不便さを楽しむ余裕は、

池でオニヤンマの羽化

健康にも環境にも人にもすべてに優しくなれると考える。大震災を契機に薪ストーブを取り入れる家庭が増えていることは、ライフスタイルを見直す必然的な時期に来ていると考える。能率・効率一辺倒の生活、また結論を急ぎ過ぎる現代の生活から、本当に大切なことは何なのか、大事なことは何なのか、物事の本質とは何なのかを一人ひとりがよく考えなければならない。

山での生活の基本となるのは、やはり水の有無であり、身近に手に入るか否かは一大事である。幸いに私の住んでいる所は山の中とはいえ、浪板地区の配水池があるため町の上水道は通っている。しかし、私はそれを使っていない。山に暮らした当初、取水した沢水を敷地まで取り入れ、池と池までの流れは、オニヤンマの産卵と羽化の場所だった。周囲に家が建ち、塩素殺菌した水や生活排水が沢水に混じるようになり、オニヤンマの羽化が激減し、３年の後には一匹も見られなくなった。私の敷地には水が湧いている所があり、そこの水をポンプで汲み上げ使用している。この水の硬度はほとんど０に近い軟水で雨水と同じである。口当たりが柔らかでコーヒーを淹れても大変うまい。この水が溢れ、地面が湿地帯の様相を呈していたところの土をほりあげ、１本の流れを作った。今では、ワサビ、セリ、クレソンが住み分けて繁殖しており、時折食卓に並ぶ。これは、豊かな気分をも一緒に味わえる。田舎暮らしする者だけが味わえるひと時でもある。

7、100年の歴史を感じる物づくり

世の中に溢れる多くの物に対し、自分が１００パーセント近く満足出来るものは少ないのではないかと思う。そんな時、貴方ならどうするだろうか。こんなものだと納得するか、自分で手直しするか、自分で作る以外ない。オーダーメイドなら納得いくまで手直しさせることも出来る。しかし、お金持ちならばいざ知らず、より多くのお金が必要になることだろう。

お金が無く、時間だけが余る程あったならどうだろうか。やはり皆さんも私と同じように「自分で何とかしてみよう」と考えるに違いない。勿論、精密機器とか繊細な芸術作品のようなものは例外で、ごく一般的な手作り品に対してのことなのだが、私の場合その気持ちが若干強い傾向

にある。そして物づくりに対しては「１００年の時を経たような雰囲気を持つもの」という共通するコンセプトを持っている。そして、何時の場合でもそのことが最優先されるということなのである。

移り住んで初めにした物づくりは、装飾用の鉢（アーン）づくりだった。「コンクリートから宝石へ」だったか、ガーデニングをしていれば当然コンテナに気を配るし、そこに雑誌やテレビに見られるようなアーンがあれば欲しいと思う。しかしながら高価であり、個人輸入するとしても美術工芸品扱いになり、さらに高額になる。それなら自分で作ろうと考えた。アメリカコンクリート・マシナリー社のアルミ型枠と製造ライセンスを紹介してくれる方がいて、大枚をはたいてそれを取得した。折からのガーデニングブームで、自分が欲しいと思うぐらいだからガーデニング好きの人たちも欲しがるだろう。そうなれば正にコンクリートが宝石になるという考えが頭をよぎった。

アルミの型枠にモルタルを流し込み、乾燥成型して造るのだが、既存の製造方法ではモルタルの表面がつるりとした感じがどうも気に入らなかった。外国では全体にペイントを施しているのでモルタルは隠れてしまう。オーストラリアで製造工程を見せてもらったが、やはりペイントをしてアーンの古さを演出していた。しかし、ペイントしたものは何時か剥げ落ちてしまい、私の意図するものではなかった。そこでドイツバイエル社の染料をモルタルに混ぜ使用してみたが、

アーン製作中

発色がいまひとつ納得出来なかった。物はやはり素材で決まるのではないかと、石（砂）をいろいろ替えてもみた。本来私のコンセプトである「100年を経た」に従って作るのであれば、石を鏨《たがね》で削って製作すればいいのだと実際にやってみた。しかし、その辺に転がっている石では質や大きさに問題があった。また、削る作業は、鏨一丁では大変な思いをしなければならないことが分かった。それを何とかモルタル造りで再現させようとするところに、無理と苦労があった。結局、石の種類、粒度をいろいろ替え、更に生乾きの状態で洗い出し仕上げをして、何とか石造りの感じを出すことが出来た。まさに、遺跡から掘り上げられた雰囲気を持つアーンを再現させたのである。しかし、苦労をして造った割に地方では馴染みが無く、馴染みの無いものは需要もおきず、私のガーデンに置くだけのもの以外、この10年来製造する機会もなく折角の労作も自己満足に終わっている。

次に取り組んだのが鉄鋼材料の加工である。鍛冶道具一式、電気溶接機、半自動溶接機、ガス切断機、ボール盤、万力等々道具・機器を準備した。これは準備して鉄材加工をしているというよりも、鍛冶道具一式が手に入り、鍛冶作業をするために不足していたそれらの機器を揃えるようになったというのが正しい。先に述べたように「田舎づくり」をする私にとって、イメージとして鍛冶屋は「村の鍛冶屋」として欠かせない存在であった。

「太郎を呼べば太郎がくる。次郎を呼べば次郎が来る」ではないが、偶然にも友人が購入した家が以前鉄工所をしていたが、事情があり、鉄工所の道具一切が残されていたらしい。家を購入した友人にとっても鉄工所の道具は余計なもので、私に「良いアンビルがあるがいらないか」とすぐに電話がかかってきた。渡りに船とはこのことを言うとばかり、私は即トラックを運転して釜石に向かった。鉄工所に着いて驚いたことに、そこにあったのは今まで見たこともない程大きな400～500キログラムはあろうかと思われるアンビルだった。トラックに積む時には鉄工所にあったホイストクレーンを使用したので問題なかったが、山に持ってきてトラックから降ろす時には、手持ちのバックホーでは後方が浮いてしまい、危ない思いをしながらの作業だった。

更に小屋に取り込む時にはどうしようかと散々悩んだ末、小屋の一部を取り壊してなんとか納め

手造り燭台

ることが出来た。

早速小屋の表には「ベルガーディア鯨山鍛冶工房」の看板を掲げた。童謡にある「村の鍛冶屋」ではないが、私には田舎づくりと鍛冶屋は絶対切り離せない関係なのだという意識がある。だから、鍛冶作業で何も造っていないうちから「いいね！」と一人満足し、感激していた。

「灯り」に関する物が好きで、ランプ集めや、蜜蝋によるローソクづくりは既にやっていたので、鍛冶屋で何を造るかは決まっていた。

こうして、にわか鍛冶屋による燭台づくりは始まった。焼き物用の古い灯油窯にコークスを熾して材料を赤く加熱し、それをハンマーで鍛造し延ばしたり、曲げたり、パーツを溶接したりしていろいろなデザインの燭台を仕上げた。初期の作品で気に入っているのは、昔囲炉裏で使っていた自在鉤の原理を逆さまに応用した「高さを変えることの出来る燭台」である。灯りをともす場所で自由に高さ調節出来る優れもので、一人悦に入っている。

最近ではコークスをいちいち熾すのは面倒になり、アセチレンと酸素のバーナーで加熱するようにして単純な形の燭台を製作している。この燭台に自作の蜜蝋ローソクを灯し、炎の癒しの揺

鍛冶工房の内部

蜜蝋製作（手直し作業）

らめきを家族で楽しんでいる。大震災の時、市販されているローソクとか乾電池が売り切れ、灯りにみんなが困っていた時、作りためていた蜜蝋ローソクを知り合いに分けた。皆に喜ばれた顔が炎の揺らめきの中に思い出され、今ではそのような生活をしたことが懐かしくさえある。昨今は、プラスチック・合板材・集成材が多く使われる物があふれている。それらが良いとか悪いというつもりはないが、好みの問題で気に入る物は少ない。木のムク材と鉄素材或いは、ガラスと鉄素材を組み合わせた物づくりが好きで、いつもそうした物づくりを手がけている。

このように古さをコンセプトにした物づくりでは、素材が重要なポイントを占めていて、捨てられた物でも素材の良いものは大事に集めている。そうした素材の良さを無視した物づくりはこれからも考えられない。しかし、せっせと捨てられているような物を集めようとは思うが、使い切れないものがたまり、何時しかベルガーディア鯨山が、ゴミ屋敷と呼ばれる日がこなければ良いがとも思っている。

8、動植物との感性の付き合い

山に移住して1年が過ぎた。妻が仕事に出かけると話をする相手は誰も居ない。隣の畑に中村のお婆さんが来た時に農作業の話をするぐらいだ。80歳を越えていたが物知りで、私の野菜作りの先生でもあった。また、前述の梅の木はこの中村さんが隣町の山田町馬指野（まさしの）（鯨山の裏側）から嫁に来た時に植えたものだと話していた。それは大事にしてきたと思う、何本かある中で幹も一番太く、唯一ピンク色の梅の花だ。いかんせん畑の真ん中にあり、その一角を切り取って見ると他の大石群との組み合わせは、畑というより一つの石庭と表現したほうが似合っていた。

　山で一人、黙々仕事をしていると1日は長い。以前に釜石で、「タカ」という名前の柴犬を飼っていたことを思い出し、狩猟をする友人に「山で飼うのに良い犬はいないだろうか」と話をすると、近所に紀州犬と柴犬のミックスだが3か月前に生まれた子犬が居るということだった。見に行くと白い可愛い子犬で、「焼酎大五郎1本で良い」という申し出に、即了解した。さて、犬の名前を何とするか迷ったが、その犬が移住先の鯨山に来たのが２０００年11月11日。つまり、十一月十一日漢字に当てはめると圭（けい）、それをイングリッシュガーデンに相応しく変換し、犬の名前は「ケリー」に決まった。それから12年私達と同じ物を食べ、同じ地下水を飲み、放し飼いで自由に、何時も一緒に生活してきた。そのせいか少々甘えん坊のところがあり、時に日本犬特有の野性味をのぞかせ、ウサギ・狸・キジ等を森から追い出し自分の指定席で食べていることがよくあった。さすがに熊だけは怖がり、山に山菜取に入り、熊の唸り声を聞き「ケリー帰ろう」などと言おうものなら、私を置いてさっさと自分だけ山を下りる不人情否、不犬情なところもあった。

妻とケリー

ある時、右前足の骨を折って帰ってきた。動物病院に連れて行くと「添え木を1か月程あてがっておけば元どおりくっつくから」と処方され、首には患部を舐らないようにプラスチックの環を嵌められ帰って来た。1か月後、病院に行くと骨がずれて付いているということだった。医者は「これでも大丈夫だから元気になるから」と帰された。しかし、よく見ると左右の足の長さが違うため、歩き方が多少ぎこちない。「設備もろくにないヤブ医者だな」と思い、別の動物病院で診てもらうことにした。

その動物病院は女医さんだった。レントゲンを撮ると「骨がずれて付いていますね、手術して付け直しましょう」と言って、いやがるケリーを台に乗せ麻酔を注射した。2時間後、手術が終わり麻酔から覚めた頃だろうと病院に行ったところ「レントゲンを良く見ると骨がくっついているようだし、痛い思いをさせるのもかわいそうだから手術は止めました」と看護師が言い、医者と呼ばれる先生はすでに不在だった。

動物だからという訳でもないだろうが、いいかげんな医者たちに翻弄されたケリーだった。だが、ベルガーディア鯨山に来る多くの人に「ハンサムな犬だね」「紀州犬のわりにおとなしいね」と可愛がられ、野山を自由に走り回って遊んだ。東日本大震災の年の７月に、他の動物たちにまつわる童話的物語をいっぱい残して逝ってしまった。

野性のカモたちも長い付き合いになる。初めは、アイガモ農法で御用済みになったアイガモを貰い受け池で飼っていた。しかし、アイガモは野性に弱く、次々にキツネやイタチに殺されてしまった。ところが、一匹残ったアイガモ（オス）はマガモのメスに恋をして追いかけまわすようになった。マガモは適当に逃げ回りそのうち飛び立ってしまう。残されたアイガモは飛べない悔しさに歯ぎしりをして泣いていた。そして、恋する一心飛べないはずのアイガモがマガモを追いかけているうちに、少しずつ周囲を飛び回れるようになってきた。３００メートル四方を飛ぶようになったのまでは確認しているがやがて、マガモと恋の逃避行をしたらしく池には戻らなくなった。池にはマガモ、コガモ、マガン等が来ていたが、そのうちカルガモに池を占領されてしまい、今ではシーズン中たまにカルガモに混じってマガモを１羽ぐらい見かける程度だ。しかし、ベルガーディア鯨山においては鳥種差別することはない。移民もＯＫだ。来たいものは誰が来て

餌をもらうスージとトップ。ケリーも食べたそう

もいいのだ。生き物がいるとガーデンが生き生きとするし楽しくなる。

池を占領したカルガモのスージとトップのつがいは、もう10年以上の付き合いになる。朝、昼、晩と餌を貰いに来る。知らんふりをしていると、ウッドデッキを上がってきてくちばしでリビングのガラス戸をトントンして、来たことを知らせる賢い鳥だ。これは、犬のケリーが餌をねだる時前足でガラス戸をトントン叩くことを真似て覚えたのだろう。更にフロントガーデンに私がいないと、捜して畑に来たり工房の私の傍に来て、自分が来たことを知らせてパンをねだるという知恵も持っている。しかし、2羽つがいで来たときのトップの態度が面白い。スージがお腹一杯になるまで食べずにあたりを警戒しながら見ている。スージが食べ終わるのを待ってから残ったパンを食べ始める。毎日同じ紳士の態度、えらいものだ。ただ、このカカア天下のつがいにも例外がある。それはバナナを与えた時におきる。スージはあまり好みではなくバナナは食べないが、トップは大好物だ。バナナを与えるとそれまでの紳士的態度は何処へとやら、スージがそこにいればこそバナナを咥えると一目散に池に飛び立ち一人（１羽）でこっそり食べている。大好物を見た瞬間に夫であること、男たるもの紳士でなければならないことを忘れてしまうのだろうか、普段紳士然とした立派な態度とのギャップの大きさに大笑してしまう。でもこれと同じようなことは、一般的に人間社会にも自分にもよくあることで、本当は笑えることではないのだ。

カルガモのつがいは今では訪れる人、誰とでも仲良しになりテレビ取材等ではカメラの前にモンローウォークよろしく出てきてはポーズをとっている。しかし、警戒心は動作では（嘴、羽、尾、鳴き声など）解るのだが、何年たっても鳥の喜びなどは表情では絶対読み取ることは出来ない、何時でも醒めた目をしている。当たり前のことなのかもしれないのだが、私はいまだに不思議に思っている。

キジのケン太くん。これは不思議なきっかけで付き合うようになった。10年ほど前から私は赤いピックアップトラックを持っていた。トラックで出かける時など、帰ってくると必ずと言っていいほど、キジ（オス）が近くに現れるのだった。出かける時などトラックを追いかけてくる。トラックの赤い色に反応しているのかと思い、同じ赤いバイクの郵便屋さんを気を付けて見ていたが、キジが出て来る様子はなかった。……ということは私に興味があるのだと思い、キジにケン太と名前を付け、出て来るたびに名前を呼び話しかけた。

　最初は10メートルぐらい、だんだんに距離をつめ5メートル、2メートル、1メートル。そしてついに頭をなでるまでになった。間近に見るケン太は光沢のあるグリーンの毛に真っ赤な顔、金色の目に黒い瞳、色のコントラストが素晴しく美しい。何かご馳走してやりたかったが、カモと違ってパンは食べなかった。畑にいるイモ虫のような虫類は食べたが、いつも持っているわけにはいかない。

　犬のケリーがいてキジのケン太がいる。これでサルが居れば私はさしずめ現代の桃太郎になれたかもしれない。

　そんなケン太だったがある日、和室のガラス戸に突っ込み脳震盪《のうしんとう》を起こし、私が駆けつけた時にはのびていた。死んだのかなと思った瞬間、むっくり起き上がり一目散に藪の中に逃げていった。それから2日ほどしてから、犬のケリーがお気に入りの場所でキジを食べている姿があった。推察だが、脳震盪から起き上がり逃げたものの力尽き、そこで事切れたのではないか、それをケリーが見つけお気に入りの場所でごちそうに預かったといったところだろう。ガラスの修理代もさることながら、これからもっと多くの物語を紡ぎだしていけたのにという思いと、平成の桃太郎になりそこねた残念さが今も残る。

卵からかえったウコッケイ

烏骨鶏《うこっけい》のケイトはベルガーディア鯨山で生まれた。ある年、釜石の幼稚園で飼っていた烏骨鶏を世話できなくなったからと貰い受けた。山に来て環境が変わったせいか卵を産み始めるようになった。そこで７個の卵を抱かせ雛《ひな》を孵《かえ》した。７羽とも元気に育つかと思われたが、そう上手くはいかなかった。２日目小屋を見回ると１羽がぬれ雑巾のようになって小屋の隅に横たわっていた。私は、てっきり死んだものとばかり思って妻に話すと「どれどれ」と見にいった様子。そして、「まだ生きている、動いている」と叫んでいる。よく見ると確かに動いていて、これは一大事とばかりその雛を家に運び汚れをふき取り、毛で出来た部屋履きに入れ世話をすることにしたのだった。これがケイトで、１か月近く牛乳や小鳥用のすり餌で育てた。そ

ウコッケイのケイト　家の中で育てる

の間にわかったのだがケイトは片足の動きが悪く、動き始めに片足と羽をいったん後方に伸ばさないと次の動作に移れない様子だった。以前何かで、動物の世界は異常があり育つのが難しいと分かれば、親に見捨てられる、と読んだことがあるが、ケイトが2日目に親から見放された訳を理解した。しかし、私はケイトの親代わり、見放すわけにはいかないと思い、何があっても困らないように自分で身を守り、生きていけるようにしなければ、育てた責任を果たせないと考えた。鶏のチャボがそうであるように、体の小さい鶏はある程度飛ぶことが出来る。烏骨鶏もチャボぐらいの大きさなので出来るはずだと思い、ケイトに飛ぶことを教えるため特訓を始めた。

始めは低い高さからバタバタと下に落とし、

次第にその高さを上げていった。やがて、上に放り投げても庭木に飛び移れるようになり、もうこれで大丈夫だろうと4日ほどで訓練は終了した。次には仲間のところに戻し一緒に生活できるようにしなければならなかった。外に出て遊んでいる時には親や兄弟たちに無視されるだけだったが、小屋に入れると初日は突つかれたり無視されたりと散々な目にあい、皆から離れたところにポツンとしていて、小屋の止まり木にも上げてもらえなかった。しかし、4日程するうちに皆と一緒に遊ぶようになり、止まり木の端に入れてもらえるようになった。その後は一週間ほどで、仲間の一員になり安心して見ていられるようになった。

その安心も束の間、震災前年の7月31日夜12時少し前、雨が降っていた。ケリーがやたら吠えるので息子が何かおかしいと傘を差して家を出た。私もその後を追って見回った。鶏小屋の前に来た時、息子が小屋の前でひっくり返っていたので「どうしたんだ」と声をかけると、「小屋から何かが飛び出してきた」のだと。話をよく聞いてみると小屋の入口に背中を向け誰かが居たので「お前誰だ、そこで何をしている」と息子が声をかけたところ、急に飛び出してきたのだと言うので、小屋の中を懐中電灯で照らして見ると烏骨鶏が被害にあっていた。息子が誰かと思ったのは、実は熊だったのだ。7羽すべて殺されてしまったと思ったほどだった。突然小屋の屋根でバタバタと音がしたので見上げると、そこに白い烏骨鶏が1羽いた。ケイトだった。飛ぶ練習をしたケイトは飛んで逃げたようだった。その後、1羽残したケイトを狙って熊が来ているらしく、

レモンカナリヤのメイちゃん

3日ほど同じ時間帯にケリーが吠えていた。

熊から逃れたケイトだったが、ある日を境にケイトは姿を見せなくなってしまった。山にはキツネやイタチもいるし、何処かへ飛んで行ったと思いたいのだが……。

その他、5月1日に私の足元に飛んできた黄色いカナリヤのメイちゃん、庭の巣箱で巣立ったヤマガラのヤマちゃん、シジュウカラのシュウちゃん、アカゲラ、アオゲラ、コゲラの3羽で巣の奪い合いをして勝ち取ったコゲラのコゲちゃん等々、多くの仲間が山の生活を応援し楽しませてくれた。東日本大震災までの12年間、私はこれ等の動物や鳥、草花，樹木、各種野菜と多くの時間を過ごしてきた。彼等は私たち人間の言葉を話さないし、理解もできないだろう。しかし、彼等の持つ本能は、相手が危険か否かの見極めは出来ている。だからこちらが相手の立場にたって思いをかけ、思いをはせなければコミュニケーションは成り立たないし、信頼関係も生まれてこない。だから感性が大事になってくる。また、「生物の起源をたどれば人も動物も鳥も魚も虫も植物も、元をただせばみんな親であり兄弟だ」というブッダの言葉が思い起こされる。

地球はそれ自体が大きな生命体であり、全ての生命も、空気、水、土などが有機的につながって生きている。生きものだけではなく火も水も、石も岩も、雲や露も、太陽や月、そして星も、みんなみんな一つにつながっている。この世界はあらゆるものにつながりを持たせられて成り立っている。だから、一部分がバランスを崩すことでその影響はどこかに出てくるようになる。そして、人間もその自然の一部である以上、自然から教わる姿勢を持つことが大事だ。自然に対峙して征服してやろうなどと考えず自然と共存する、住まわせてもらっているという謙虚さが求められている。すべてのものが仲良くしなければならない。

第2章　ある日突然の大震災

1、神も恐れた3・11

あの日の午前中、明日に控えた友人たちの「ピザを食べる会」の準備に家の片付をしていた。ちょうど12時頃に終わり、昼食を摂り、休憩後ガーデンに出て枯れ葉掃除をしていた。突然の大きな揺れに立っているのがやっとだった。「なんだこれは！」。揺れは収まらずだんだん大きくなってゆく。家を見ると左右に大きく揺れている。家が倒れると思い、中にいる妻と息子を外に出そうと走った。その時、家から二人が飛び出してきて、揺れの大きさに驚嘆した面持ちで今にも倒れそうな家を眺めていた。やがて揺れも収まり、家もなんとか倒壊を免れた。家の中に入ってみると暖炉の上にあった石膏像が落ちて割れていたが、その他は揺れの割にたいした被害もなかったので急に現実的になり、以前地震保険で痛い目にあっているので、とりあえずそれら割れた物とか壁とかクロスのひび割れ箇所の証拠写真を撮った。大きかったわりに被害程度が少なかったのは、度重なる地震にその都度何らかの対策をとってきたからだろうと思う。住まいが海抜60メートルの高台にあるため津波の心配はほとんど頭になかったが、そのうち周りがざわざわと騒々しくなり、住まいが下の低地にある人達が津波を恐れ上に避難してきた。それで初めて津波が来るという認識をしたのだった。三陸海岸に暮らしていながら、高台に住んでいるというだけでうかつにも津波のことを忘れていたのだ。しかし、考えてみると地震国日本では、地震の度に津波の心配をしなければならない生活でなく、津波が来ても逃げなくても良い高台で、生活が営まれていなければならないのではないか。おびえて暮らすか、安心して暮らすか、度重なる津波で破壊された町をその都度税金を使って復旧させるのなら、大計を立て町を高台に移すぐらいの措置を取らねばならないことを改めて考える。

高台に避難してきた人達と海を見ていると、地震からおよそ30分経過した時、野島《のじま》と筋山《すじやま》（船越湾に浮かぶ小島と大槌町の岬）の間を静かに波が超えてきた。高台から見る遠目には物凄い波という印象はなかった。私のいた場所から浪板の集落は見えないが、引き波が運んできたガレキには驚かされた。更に、引き波が吉里吉里《きりきり》湾にガレキを残しながら海底をあらわにした。間もなく津波の第二波が強烈に襲いかかり、海岸沿いにある6階建ての浪板観光ホテル（現在は三陸花ホテルはまぎくと改名）の３階の窓ガラスを突き破り海水が飛び出し、国道45号線も津波に飲み込まれた。後日、国道に消防自動車を止め救助活動に当たっていた３人の消防団員が犠牲になってしまったことを知った。

津波が一段落し、避難していた人達も「もう大丈夫だろう」と戻っていったのだが、「戻ってみたら家がなかった」と力なくまた上がってくる人がいた。私は言葉のかけようがなかった。

津波から30分程たっただろうか、どんな状況になっているのだろうかと坂をくだっていった。

津波の第 1 波が襲う瞬間　奥に見えるのが浪板観光ホテル

第 1 波が引いてガレキが残った　ホテルの 3 階から海水が出ている

海抜40メートル付近まで下がった時、初めて駅から下の集落がなくなっているのが見えた。津波は、ＪＲの浪板海岸駅を越えてきていた。路面が濡れていた状況から海抜20メートル付近まで津波がきたことが解る。「美味しい」と近隣地域にまで評判だった和菓子屋さんも１階がつぶれ、２階がその上に被さっていた。浪板駅の１メートル高さ程のプラットフォームには家の屋根や車、家財道具類がガレキと化し、折り重なって山積みの状態になっていた。

浪板地区の国道45号線は津波で削られ、抉《えぐ》られ通行不能になり、浪板川に架かる鉄橋が橋脚だけを残し橋梁も鉄道のレールも流されていた。驚くべきは津波の破壊力である。橋梁を橋脚に固定してある鋼製のベース、それを直径４センチ程のボルトで片側６箇所ずつ12ヵ所固定していたのだが、ベースが残っていたのは４個だけ、後は橋梁がベースもろとも１００メートル程も流され、レールは大きく曲がっていた。

ライフラインが全て止まった状況下では情報がどこからも伝わらず、自分が住んでいる地域のことだけしか理解できなかった。残念ながら想像力が働かなかった。だから「こんな酷いことになっているのになぜ救助が来ないのか」と文句のひとつも言っていた。２日後、線路上のガレキを地域の人たちで片付け、通行できるようになった線路を歩いて大槌の中心街に入ってみた。まだ煙がくすぶっている壊滅状態を目の当たりにして「なんだこれは！」と、どこか別世界にいるような感覚にとらわれたのだった。

江岸寺の倒れた墓石

江岸寺境内の石仏

津波及び火災の被害にあった仏像

その後、何日かして町方にある江岸寺《こうがんじ》の境内があった場所にA新聞の記者と行ってみた。そこには焼け爛《ただ》れ、部分的に熔けた青銅の仏像や、石の仏像が首から或いは腕から、足の部分から欠損して転がっていた。また誰かが手をかけたのか、立置かれている仏像も同様にどこか欠けている状態だった。津波と火災の影響であれほど硬い青銅や石仏像が痛ましい、変わりはてた姿になることから、これが人間ならばどうなるかは想像に難しくないだろう。

遺体修復士の活躍がテレビで話題になっていたが、私は詳しくここにこれ以上書くことは出来ない。

なぜ、幸せの絶頂にあり結婚式を間近に控えた二人が、犠牲にならなければならなかったか。

なぜ、わが子の誕生を待ち望んでいた妊婦が、犠牲にならなければならなかったか。

なぜ、まだ歩くことも出来ない赤ん坊を、母親の手から奪っていかなければならなかったか。なぜ、小学校の入学を前にランドセルを背負い、楽しみにしていた子供が犠牲にならなければならなかったか。

なぜ、寝たきりで動くことが出来ない病人やお年寄りが、犠牲にならなければならなかったか。このかけがえのない人達が一体何をしたというのだ。どんな罪を犯したというのか。何の報いで、これほどの恐怖と苦しみ、悲痛を受けなければならないのか。

「神や仏はいないのか」。普段、神仏に手を合わせてはいるが「神や仏の存在も、物事の良し悪しも全て自分自身の見方ひとつにある。全てのものは只そこにその通りあるだけなのだ」と考えていた。しかし、自然の中に神の存在を感じていた自分をも、否定してしまうほどの混乱と疑問を強く持たざるを得なかった。

私は考えた。「自分の心の中に、意識の中に神や仏があり、精神的に救いを求めるところにその存在はあり、物理的救済にそれを望むことは虚しいことなのだ」。この世には「信じるとき存在する神はいても、望むとき存在する神はいないのだ」と強く思う。

しかし、時に大きな自然災害に対して天が何かを教示しているのだと、その意味を説く人達がいる。そこに人為的なものが介在するか否かで一概に馬鹿々々しいとは言えないが、東日本大震災に関しては、そうした大陸のプレート上に私たちの住んでいるところがある以上避けられない現象であり、それを踏まえた国づくり、町づくりをしなければならない。今回の災害で人為的な部分といえるのは、町を海岸の近くに、また低地に発展させたことだと思う。

地球はそれ自体が大きな生命体であり、自然界のあらゆる有機物、生き物だけでなく空気も水も、太陽も月も、山も海も、雲も風も自然界はあらゆるものにつながりを持たせて成り立っている。従って、自然災害も原発災害も何をやるにしても、考え方の根本に自分にとって大事なことか、皆にとって大事なことか、日本中の人にとって大事なことか、世界中の人にとって大事なことか、この自然界にとってあらゆる生き物にとって大事なことかを良く考えてみなければならない。もしそうでなければそれは止めた方が良い。この地球は一部の人間、或いは日本人だけのものではない。世界を日本を取り巻く自然環境がどのようになっているのかを考えた国づくり、政策づくり、被災地においては復興の町づくりが必要とされている。

2、見えないものを観る想像力

東日本大震災をきっかけに、同規模の津波が貞観年間にも発生した痕跡が見つかり、今回は1000年に1度の津波だったことが解った。しかし、それ以前には同様の津波の発生はなかったのだろうか？　地球という惑星の歴史としての視点で考えれば、１０００年サイクルは瞬きの瞬間みたいなもので何度となく繰り返されてきたに違いない。

約１００００年から３０００年ほど前の縄文時代で考えてみても、縄文人たちは津波を経験していなかったのだろうか。そうではないはずだ。彼らも我々現代人と同じように度々津波を経験しているに違いない。縄文土器が今の海岸近くから、山の麓にまで発掘される状況から見ても、何度となく津波を経験し、その都度高台に避難したと考えられる。勿論気温も２℃程低く、海水面も30メートル程低かった時期や、気温上昇で海水面が4〜5メートル高くなった時期、中期の５０００年〜４０００年前には海岸線はほぼ現在に近くなったことを考慮してもだが……。

生死の選択に迫られた縄文人たちは、間違いなく本能的に山の上の方に移動しただろう。人の生きる力に関する限り縄文人と現代人にはさほど差がないように思える。否、むしろ現代人は知恵と技術を手に入れただけにそれに頼ろうとしているのではないか。鉄とコンクリートで津波に対峙しようとしている。

２０１１年3月11日の津波被害を見た時に、政府も被災地でも「町の再建は高台移転だ」としたはずだ。「こんな悲惨な状況はもうたくさんだ！」。もう二度と起こしてはならないという危険に対する本能の部分でそう感じとったはずだった。それが時間の経過とともに恐ろしさに対する本能の部分よりも、元の場所に住みたいという利害に対する知恵や知識の部分が沸き起こり、鉄とコンクリートでそれらの自然災害に立ち向かおうとしている。そして、ついには防潮堤の高さえ、そんなに高くはいらないと言い始めたではないか。

すぐに忘れてしまうことが生きる知恵だというのだろうか。生きる力に関し縄文人と現代人は自然と共生するという点で変わらないと思っていたが、現代人はむしろ自然を征服し、意のままにしようとする傲慢さが透けて見える。むしろ退化しているといった方がよい。

見えるものだけをみる、聞こえるものだけをきくのではなく、目を閉じ想像力を働かせることで見えないものも観え、聞こえなかったものも聴こえてくる。自分の考えが、心の部分ではっきりと見えてくる。何千年、何万年前のことも想像力を働かせ感性で見ることができる。現代のように知識や技術が発達している社会こそ、感性を磨き「心で見る、心で聞く」ことが大切になっているのではないだろうか。

数多くの犠牲者、行方不明者を出し、未だにあの日から時間が止まったままの人たちがいる中、「風の電話」を通して見えている現実から何が大切か、何が大事なことか、ものごとの本質を素直に追求する感性が求められている。

3、変わろうとする意志

ひとつの言葉、或いは1冊の本との出会いがその人の人生を変えてしまうことや、ひとつの出来事がその人の生き方に影響を与えてしまうことは良く見聞するところである。

私も72歳を迎えたが、自分を変えるのに年齢は関係ないことを実感している。変わらないのは、変わろうとする意志の問題であり、生活環境とか社会状勢などに影響されることはあっても、それを行動として起こす、起こさないには一切関係ない。全て自分の意志と実行力の結果であると思っている。

私にとって2011年3月11日の東日本大震災が正にそれに相当する。震災当日は、昼日中ということもあり家族がそれぞれ仕事、学校、買い物等バラバラに生活していた。そのため震災、津波によりライフラインが全てストップしてしまった状況下では、何処で誰がどうなっているのかその消息はまったく分からなかった。また、誰が犠牲になっても不思議ではない状況だった。生き残れたかどうかは正に、神のみぞ知るとしか言いようのない状況であった。

幸いにして生き残った者は、被災地の人のみならず日本中の全ての人に言えることだが、「何故、自分は助かり大切な家族、親戚、友人、知人は亡くならなければならなかったか」「何の為に生きるのか」という、その問いを考え続けていかなければならなくなった。

私も、これからどのように生きていかなければならないか考えた。早くに父親を亡くし、一家の大黒柱として中学卒業後からがむしゃらに働いてきた。その頃の自分を支えたのは、「なにくそ負けるものか」という気持ちだった。自分に対してなのか、置かれた状況に対する怒りなのか、何に対して負けるものかは今となっては、はっきりとしない。

釜石製鉄所の教習所で2年間、労働者としての教習期間を経て17歳より現場に配属になった。製鋼工場の炉前作業だった。１６００℃にもなる熔鋼を扱う炉前作業で、熱さのため夏場は体力の維持管理が特に大切だった。会社から食塩とメタポリンとか何とかいう栄養剤だろうか薬を支給され、それを飲みながらの作業だった。それでも汗を絞られた後の昼食などは喉を通らず、水をご飯にかけ胃袋に流し込む日常だった。

労働基準法上、18歳になった年より勤務形態が常昼勤務から三交代勤務（甲番8・00〜16・00、乙番16・00〜24・00、丙番24・00〜8・00）に替わった。1週間ずつこのサイクルを繰り返すのである。指定休、公休日はあるものの一般的に連休となるゴールデンウイークもお盆も、正月もなかった。皆が寝ているときに働く夜勤は辛いものだったが、眠る時間を削れば好きなことをやれる時間はたっぷりとあった。その多くの時間をただ一つの趣味であった絵を描くことに没頭することが出来た。20代の頃、画家を夢見たこともあったのだが現実から目をそらすことはできず、夢のまま終わらせてしまった。しかし現実生活を選んだことで20代に家を建て、30代で結婚することもでき、子供にも恵まれた。そうした事情からこれまで私は自分の力で生きてきたという、強い自負があった。

しかし、東日本大震災を目の当たりにして又、それ以後の自身の生死に関わる出来事を通して思い知らされたのだった。自分の力で生きてきたのではなく、周りにいる人達のつながりの中で生かされている、何か目には見えないけれど大きな力のはたらきで生かされているのではないか、ということを感覚的に感じるようになった。

今度の災害でもそうなのだが1分、1秒の差で誰でもが犠牲者となりえた状況。その1分1秒に何か大きな力の作用があったのだろうか。そうでなければこの大津波の脅威から生死を分けた理由を捜し出すことは出来ない。そうであるならば残り少ない生かされた命を、自分の為だけでなく「誰か他人《ひと》の為に役立てる」人道的な生き方をしなければならないと考えた。そして、誰か他人の為に役立つだけでなく、役立つことに喜びを見出し、そのことに生きがいを感じるような生き方をしなければならないと考えるようになった。

しかし私が思う「誰か他人の為に」と言うのは、他人の為に命を投げ出すような過激なものではない。以前、山手線新大久保駅で線路に落ちた酔客を助けようとして電車にはねられた韓国人留学生と日本人カメラマンがいた。「勇気ある行動」「善意の死」として多くの賞賛をあびていた。

人は、自分の為に生きるのではない。自分が慈しみ、大切なものの為に生きるのだということは理解しているつもりだ。従って、もし線路に落ちたのが自分の愛する家族や親友であれば（この場合は例外的な状況だろう）間違いなく私も助けに飛び降りるだろう。

しかし、私が考える「誰か他人の為に」は、他人の為に死ぬことではなく、他人を生かす為に、楽しく生きていける為のお手伝いをしたいと考えている。勿論、他人の為に命を投げ出す行為は究極の人の為に値するとは思うが、私には到底まねの出来る行為ではない。私の考える「誰か他人の為に」はまだまだ甘いものであることは自覚している。

４、求めればやって来る

釜石の繁華街の角にホテルサンルートはあり、その前に格子造りでクラシカルな白い電話ボックスがあった。大震災の４、５年前から、これをガーデンのオブジェとして置いたならグリーンのガーデンが活きいきしてくると考え、なんとか手に入れたいと思っていた。

ある日、釜石に用事があり、車でたまたまホテルの前を通りかかると、その電話ボックスを取り外している最中だった。車を止めて「その電話ボックスをどうするのか」と聞いたところ「スクラップになる」ということだった。「スクラップにするのなら私に譲ってくれないか」と訊ねると、「自分達は取り外す工事を依頼されているだけだからＮＴＴに聞いてくれないか」という返事が返ってきた。すぐに地元のＮＴＴに掛け合うと盛岡、仙台と連絡してくれたが結局、残存簿価が残っている物は譲れないし、形が無くなるようにスクラップ化しなければならないので、途中で譲り渡すことは出来ないと断られた。

それならとスクラップ業者に手を回したが、検査が厳しく無理だとわかり、諦めざるを得なかった。まだ形があり利用価値のあるものを消滅させてしまうとは、勿体ないことをするものだ。それなりに理由はあるだろうが、一般的に役所とか大企業には「物を生かす」という発想が乏しいのではないだろうか、と非常に残念な気持ちになった。

しかし、思えば通じるもので、その後おもわぬ情報が舞いこんできた。「廃業したパチンコ店を解体するのだが、そこに似たような電話ボックスがあるから運んだらどうか」というものだった。物をもらうタイミングとして即実行することが大事で、そこを逃すと邪魔が入り結局手に入らないことが往々にしてあるものだ。そこで、早速運び出しに2トンコンテナトラックで大船渡に向かった。

屋内用の電話ボックスのため木製で、屋根がなかったが、ペンキ塗装と屋根の製作で使えると判断し運び出した。5ミリ厚のガラスが4面にはめ込んであるため重く、4人がかりでの運び出しになった。また、店の景品カウンターに使っていた御影石の天板（900×600×30ミリメートル）も持っていって良いと言うので、遠慮なく貰ってきた。これは私にとっては宝物のような物で、後日レンガ積み暖炉の天板に利用されることになった。

こうして、2007年に電話ボックスを手に入れてから4年ほど後に「風の電話」として活躍する電話ボックスが、鯨山にやって来ることになったのだった。

その頃、後に「森の図書館」になる石積みの作業中であり、電話ボックスはすぐにガーデンのオブジェとしては立ち上がらず、4年近くガーデンの隅にころがされていた。もしもその時オブジェとして立ち上がっていたならば、目的が全く異なるため、現在の「風の電話」の位置でなく、まったく別の場所に立っていたことであろう。何か、従兄の死、大震災、電話ボックスの立ち上げとの因縁みたいなものが感じられ、今の場所に「風の電話」としてあるべき時期に、あるべき姿で立っているように感じられ、感慨深いものがある。

5、電話ボックスの用途変更

電話ボックスが当初考えていたガーデンのオブジェから、亡くなった人へ想いを伝える「風の電話」に発想が切り替わることになったのは、従兄の1年にわたる闘病生活と、その終末としての死がきっかけだった。彼は武川博久（ヒロさん）といい、私の母親の姉の次男坊で、私より4

歳年長だった。ヒロさんのことを少し語らなければならない。彼とは年もそれほど違わず、子供の頃よりスケートや鉄棒をして遊んでいた。社会人になってからは、県内での登山や地元石灰山の鍾乳洞探検等をよく楽しんだものだった。

彼は若い頃より書道と音楽を愛し、自らもマンドリンを演奏していた。高校卒業後地元企業に勤務していたが、後に、私と同じ新日鉄釜石製鉄所に勤めるようになり、厚生課に所属し事務関係の仕事をしていた。仕事の傍ら、当時社会人都市対抗の後楽園では「東北のあばれん坊」で知られた釜鉄硬式野球部や、「北の鉄人」で知られた釜石製鉄所ラグビー部のお世話をしていた。ラグビー部が昭和54年から連覇を重ね、61年東京代々木の国立競技場で、学生ナンバーワン同志社大とＶ７をかけ対戦した。前半12―13とリードされたが、後半一気に巻き返し31―17と圧勝。史上初の７年連続の優勝を飾ったＶ７時代に、それらの裏方として応援団の引率から、お偉いさんたちの席取り、また、後援会からの支援金での選手たちの慰労、地元での祝賀パレードの準備等々、家を空けての仕事も多かったようだ。ラグビー日本一Ｖ７達成の時だったか、地元に戻り列車から降り立った選手たちを市民が出迎え、釜石駅から凱旋パレードをする計画を立てた時のこと、強風だったか大雪で釜石線が不通になってしまい、選手たちは遠野から釜石まで代替バスで輸送されることになった。Ｖ７達成という大事業を成し遂げ、市を上げての歓迎計画が台無しになるとあわてた彼は、ＪＲと交渉して列車を動かすことを頼み込み、釜石駅ふたつ手前の松倉駅から再び選手達を列車に乗せ無事釜石駅に到着させた。そして、その苦労を知らない市民の熱狂的凱旋歓迎を受けたのだった。このように表で脚光を浴びる選手たちの陰で、努力していた彼を知る人は少ない。製鉄所の合理化が進み、各クラブも廃部に追い込まれた頃、彼の仕事は門の守衛に変わっていた。仕事上の関係か、真道会（製鉄所のスポーツ・文化芸術・武道等のクラブ活動をする会）では合気道を学ぶようになっていた。

何事にも一生懸命取り組む彼は、亡くなる何年か前に六段の師範になり、岩手県釜石支部長として警察署道場で後輩の指導にあたるようになっていた。

２０１０年1月30日、いつものように釜石警察署の道場で合気道の稽古中、目眩を感じ倒れた。門弟に開業医がいたので翌日診てもらう。しかし、県立釜石病院を紹介され、胃カメラによる検査を受けたところ胃がんが見つかった。その時既に手遅れの状態で、余命３か月の宣告が家族に告げられた。がんが肝臓、骨盤、腹膜に転移している状態であった。胃の全てを摘出手術し、40日ほどで退院した。その後は、抗がん剤治療を通院しながら受ける時が続いた。お盆が過ぎ、秋の彼岸も過ぎ余命宣告の３カ月は過ぎたが、刻一刻と死に近づいていることに変わりはなかった。

私は、この時期に人が誕生して亡くなるまでの時間、また亡くなってからの永遠の時間を思うとき、亡くなってからの時間が圧倒的に長いのだという、ごく当たり前のことが頭から離れなかった。家族や子孫、また知り合いやそうでない者が、誰か過去に存在した人のことを知り、その

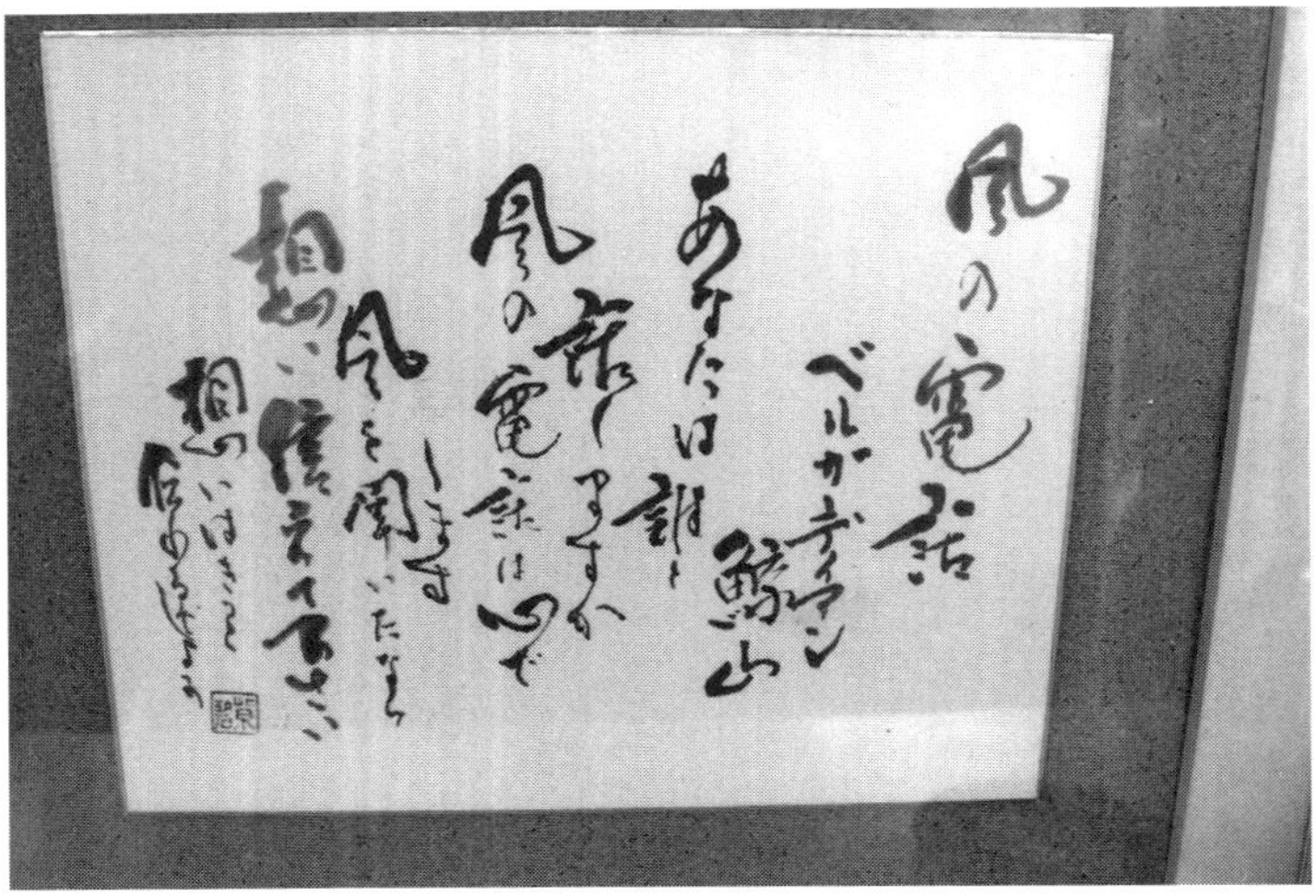

武川博久さんの絶筆

人とつながりたいと思えば可能である「風の電話」のことを考え始めていたのだった。彼は治療中にも関わらず、指導している道場のことや書道教室のことが心配だった。さすがに合気道の稽古には出られなかったが、「働く婦人の家」での書道の講師には出かけていた。しかし、10月に入ると痛みが襲い始め再び入院した。当初、身体にモルヒネを貼っていたが、やがてそれでも痛みを抑えることが出来なくなり、モルヒネを点滴で入れるようになった。

彼がモルヒネを身体に貼っている段階のとき、病床に「風の電話」の詩と毛筆と色紙を持っていき、色紙に風の電話の詩を揮毫してもらった。当人は意識が朦朧《もうろう》としているようだったが、書家としての意識が彼を元気にしてくれるのではと思ったのだった。

「あなたは誰と話しますか　風の電話は心でします　風を聞いたなら想い伝えて下さい　想いはきっと伝わるでしょう　紫碧」これは最初に書いた色紙の文書で、後は何枚書いても「風の電話は心で話します」の部分を繰り返すのみで次に進まず、やがて、疲れてしまい横にして休ませなければならなかった。今になって思えば無謀なことをやらせたという想いだけである。

その中でも1枚目に書いた色紙は、所々抜けてはいるが詩全体のエッセンスを掴んだ文章になっており、意識は朦朧《もうろう》としていても一人の書家としての覚醒した感覚が一つの作品として完成させたのではないかと思っている……。それが現在、電話ボックス内に掛けられ、訪れる皆さんの目にふれている。この色紙が書家武川博久の絶筆となってしまった。

その後、モルヒネを点滴で入れるようになると長くはもたないと言う医者の言葉通り、12月30日夕方家族から連絡を貰い、病院に駆けつけ声を掛けると、待っていたかのように一筋の涙を流し静かに逝ってしまった。享年69歳だった。

6、スピリチュアルな「風の電話」

武川さんが亡くなって1年近くになっても、早く電話ボックスを立ち上げようという気は起きてこなかった。その頃、２００９年5月から始めた「森の図書館」の石積みも13段目に取り掛か

風の電話製作途中

大震災前年 12 月に途中で中断した時の状態

っており、石切りを鏨《たがね》、コヤスケ、ハンマーを使い、ある程度形を整え積み上げ、腕も肩もぱんぱんに張るほど作業に没頭していた。

ほどなく、彼の1周忌の法要が執り行われ、家族、親族の悲しみを新たにさせた。それまでの間私も「風の電話」の想いを決して忘れていた訳ではないが、彼の死を思い出さないように石積みに熱中していた。しかし、家族の悲しみを目の当たりにして、想いを伝える「風の電話」を今こそ立ち上げなければという思いに切り換えることが出来たのだった。

1周忌が終わった直後の２０１０年11月20日基礎工事の着工に取り掛かった。地面を掘りバラスを敷き、捨てコンクリートを流し、その周囲に自然石を回し中には石切りで派生した破片やコンクリートを混ぜ、四隅にアンカーボルトを入れ固めた。電話ボックス据付も友人の手伝いを得て、無事にアンカーボルトに収めることが出来た。屋根の取り付けの段になり、普通の形では面白みに欠け電話ボックスを活かしきれないと考えた。ここはやはり、祈りの場としてガーデンの一部にふさわしい形にしなければと、方形の鋭角屋根にし、その上に更に尖塔を乗せ教会のイメージをもってきた。12月の中旬を過ぎ大分寒くはなってきていたが、素材が木製なのでペンキ塗りまでは終わらせようと決めていた。ボックスはホワイト、屋根はグリーン、それも古さを感じさせるといっても言葉で表現するのは難しいのだが、私がランプや鉄製アーチなどへの塗装に良く使う、銅版に付くさび緑青色に決めていた。作業途中だったが、イメージどおりの仕上がりでスピリチュアルな雰囲気があたり一面にただよう出来栄えだ。これなら大切な人を亡くした方にとっても、その気持ちに寄り添い、祈り、癒しの場になれるとその時すでに感じ取ることが出来た。

早いもので作業にかかって1か月が過ぎ、12月20日になっていた。寒くなり屋外での作業は厳しくなっていた。区切りとしても丁度良いところだったので年内の作業はその日で終了し、後は年明け後少し暖かくなってから、細部のことや周りの植栽をして完成させようと考えていた。

そして、2011年4月20日、「風の電話」は完成した。

第3章　「風の電話」から見えるもの

1、「風の電話」のグリーフケア[注]

ベルガーディア鯨山は1年を通してオープンガーデンをしている。震災後は、「風の電話」や「森の図書館」を必要な方々に解放しているが、しかし、ここは観光地ではない。何らかの事情で喪失感を抱いた方が自分の想いを吐露することにより心の重荷、負担を軽減し、再び生きようと意識の向け換えが出来るようになることを望む方が訪れるところだと思っている。そのような方々にとっては観光客はいて欲しくないのだ。ある時こんなことがあった。ご年輩の夫婦と息子さんだろうか3人連れがいま正に、電話ボックスに入ろうとドアに手をかけていた。その時、道を間違えて畑を挟んで反対側の道路に止まったマイクロバスから、30人ほどが畑を踏み越えてドヤドヤ、ガヤガヤと来るのが見えた。その途端、電話を利用しようとしていた3人はそこを離れて帰ってしまったのだ。グリーフを抱えた人達に共通するのは、悲しみに苦悩する姿を他人に見られたくないという心理だ。メディアの方からマイクを向けられると「元気です、頑張っています」と答えているが本心ではないと思う。マイクを向けられること自体悲しく、苦しく、辛いのだ。一人になると皆さん毎日涙味のご飯を食べている。周囲に気兼ねして自分をさらけ出せないでいるのだ。それが他人に見られたくないという心理につながっているのである。

風の電話利用（学生）

「風の電話」を立ち上げ後、寄り添うという支援について考えさせられた時期があった。私達の場合、そうした知識があったわけでも、専門の教育を受けたわけでもない。又、実績を積んできたという経験も無かった。持ち合わせていたのは、悲しみに共感する心だけだった。

しかし、真宗大谷派の僧侶金子大榮（1881～1976年）の著書、『歎異抄・領解』の中に「悲しみは、悲しみを知る悲しみに救われ、涙は、涙に注がれる涙に助けられる」とあることを知った。寄り添うということの基本が語られており、特に専門的な知識がなくてもグリー

［注］グリーフ：大切な人を亡くしたことによる深い悲しみや喪失感。悲嘆とも言う。
グリーフケア：喪失の悲しみや苦しみに寄り添う支援。

フを抱えた人に寄り添うことは出来るのだと強く共感した。同じ方向を向いてその悲しみ、苦しみを受け止め、時に一緒に涙を流すことが寄り添うことにつながる。ただ、活動がともすれば寄り添おうとして、力がはいりすぎるきらいにあることは戒めなければならないと感じた。

ベルガーディア鯨山では、ガーデン全体から見て電話のある所は位置、環境、雰囲気まで諸々の配慮をした上で設置している。

ある時、高野山のお坊さんが15人「風の電話」にやってきた。その中の引率してきた五味さんという坊さんが、「この電話ボックスは良い場所にありますね」と言った。なぜそう思うのか尋ねると、以前福井県で災害があった時の話をされた。「災害後心のケアが必要だと町の中に相談所を設けたのですが、誰一人として相談に訪れる人はいませんでした。ケアを必要とする人たちの悲しみ、苦悩する姿を見られたくないという心理状態を理解せず、形を整えても駄目なのです。ですから、どこにあっても良いというわけではないのです。その点ここの電話はケアを受ける人の気持ちを解っていると思います」ということだった。理解してくれる人が一人でもいることに心強さを感じたことを覚えている。今回の大災害のように災害や事故などで大切な人を失うと、誰もが悲しみや苦しみ、悩みを一定期間、経験する。このような気持ちは長い時間の流れの中で一つの経過をたどることになる。この一連の経緯は、喪の作業、グリーフワークとも呼ばれている。

当初は、大切な方が亡くなられたことに対する自責や後悔の思いに苦しんだり、混乱や喪失を味わったり、泣けて、泣けて仕方なかったりと、グリーフ（深い悲しみや喪失感）に圧倒された状態が続き、抱えきれない精神的な辛さがあるにもかかわらずそれを他人と共有することが出来ない。外に出るのも、人に会うのもいやで、引きこもるようになる。心を閉ざし自らの殻に閉じこもる。この閉ざされた状態から、「風の電話」に行ってみたいと思う気持ちになる事は、すでに自分の意志を持った事になり、グリーフ状態から脱出するきっかけにもなっていると思う。特別に「風の電話」でなくても何でも良く、旅行をする、レストランで食事をする、絵を描く、詩を作る、歌う、花を活ける、ガーデニングをする、手芸をする、墓参りをする……何事でも良いから、自分の好きなことをやってみるという気持ちになることが大切だと思う。拒絶し、引きこもり状態からご自分の意志を持って、何か行動に移してみることも良いだろう。その事により、周りの様子や情景が見えるようになり、「綺麗だ」「美味しい」「良い香りだ」「暖かい」「心地よい風だ」等々の感覚がよみがえってくる。この五感が戻ってくると「癒される」と感じられるようになるのだと思う。

「風の電話」に来ることが他の行動と若干違うのは、聞こえない、見えないけれど感じる事が出来るという点だと思う。癒される行為には、見る、聞く、触る、味わう、嗅ぐ、の五感の他に〝感じる〟という最も大切な行為が含まれているからなのである。これは最も大切だが、他の五感と違って、〝感じる〟ことはおもてに現すことが難しいし、また出来ない。この現すことが出来ない行為は「祈り」に通じるところがあると思う。

多くの方がなぜ「風の電話」に来るのか、来たいと思うのか……大切な人を亡くした方には分かっているのだと思う。「風の電話」に来て、線のつながっていない黒電話で話しかけるのは、その亡くなった人に対する「祈り」なのだと……そして、それが自分の癒しに繋がっているのだということを理解されているのだと思う。

一般的な悲嘆の場合、ある程度の期間で元の日常生活を取り戻すことが出来るが、深刻な悲嘆を経験した場合は、その回復により長期の時間が必要であると指摘されている（宮地尚子著『トラウマ』岩波新書、２０１３）。親にとって子供に先立たれることは何よりも辛いことなのだ。しかし、遺族の方はどんなに辛くとも目の前の日々を生きていかなければならない。そのような時にグリーフケアが必要となってくる。必要なグリーフケアがなされなかったばかりに、非常に悲しいことだが精神の安定を失い、自分の存在すらも否定し、苦しみや悲しみのうちに亡くなった方もいる。そうした方には出来るだけ早い時期に専門家による〝寄り添い〟が必要となる。そうした方をいち早く専門家に紹介する役割として各地域に民生委員や福祉相談員等がいる訳で、彼らの役割は非常に大きいものがあると思う。

「風の電話」ノート

2、「風の電話」を訪れる人

東日本大震災から6年が過ぎ、風の電話を訪れた人でカウント出来ただけで2万5千人に達している。しかし、すべての人が電話を必要として来たわけではない。震災１、２年目は、どちらかと言うとメディアで紹介されたので来たという、被災地に入っているボランティアや観光客等が多かったように思う。勿論必要あって来る方もいた。また、人の心の内を覗き見たい心理は誰しも持っていると思うが、この興味本位な方も意外と多い。バタバタと来てボックスに入るなりノートをめくり一通りながめて帰る方々である。

「風の電話」に心の安定を求める人、「そんなもの」と笑う人もいる。私は、全てのものは自分自身の見方ひとつにあるのだから、同じものを見ても良いとか悪いとかは、それぞれで良いと思っている。

２０１３年11月19日の私のブログで「最近涙した風景二題」と「風の電話」を訪れた人の様子を発信している。内容を紹介する。

晩秋のガーデンの一隅に佇む電話ボックス。ある日、ご年輩の４人連れが「風の電話」を訪れる。私は気が付かないでいた。妻から「誰かきているよ」と知らされていたが、後で庭の方へ上がって来るものと思っていた。ややしばらくしても誰も来ないので、ボックスのある下の方に行ってみた。しかしそこには誰の姿もなかったのだった。

「おかしいな」と思いながらボックス内のノートを見ると、そこには一言「勝也早く家に帰ってこい……父母、祖父母」という文字が残されていた。私はそれを目にしたとたんに、文字が滲んで見えなくなってしまった。

震災で息子を亡くし、未だ遺体が見つかっていないご両親と祖父母だった。「風の電話」を通じて心の叫びを伝えたのだろうと理解できた。せめて「『だいじょうぶ！』いつも寄り添っています」のメッセージ付きのお地蔵様を手渡してあげたかったと思った。

それからそのご両親のことが気になって仕方なかった。妻が見た服装等から、たぶん地元の人達だろうと考え、大槌町役場に行き、「行方不明者の名前だけしか分からないのだが、その方のご両親にお地蔵様を渡したいので調べてほしい」とお願いした。ところがお役所というところはこのような状況であっても、個人情報だから教えることは出来ないの一点張りの対応だった。「役に立たないな」と思ったが口には出さず、「それなら教えなくてもいいが、そのご両親が分かったならお地蔵様を渡したいので連絡をいただきたいと伝えてほしい」と頼んできた。

それから1か月後、役場から該当者はいませんでしたと連絡をもらった。地元の方でなかったことが分かったが、それではどこの誰なのだろうと益々疑問は深まっていった。たまたま取材にきていた東京のテレビ局の方に「このような方を捜しているが分かるだろうか」と相談したところ、その日の遅い時間に「該当する方がいます」と連絡が入った。話を聞くと、震災直後に友人がツイッターかフェイスブックの尋ね人で呼びかけているのが見つかった、名前も勤務先も分かりますということであった。翌日、宮城県にある、その会社に問い合わせると社員に勝也さんが在籍していて、行方不明になっているという話だった。事情を話し、ご両親に連絡を取りたいと言うと、ややしばらくして会社から「勝也さんのご両親が今大槌に向かっているようですから、直接お話してください」と連絡が入り、携帯

お地蔵様

の番号を教えてくれた。すぐに電話すると、電話に出たお父さんがこの3年間、毎月1度は勝也さんの手掛かりを捜しに大槌に来ていると云い、今日はたまたまその日だったということだった。やがてご両親と祖父母の4人が訪れたので、家に上げて話を聞くと、勝也さんは宮城県の大学を卒業してIT関係の会社に勤めていた。長期出張で大槌を訪れ、仕事の最中同僚6人と津波にのまれ6人が犠牲になった。そして2人が行方不明のままで、その一人が勝也さんという話だった。

勝也さんは岩手県でも海のない内陸生まれだった。津波の時、誰かが「上に逃げろ」と叫んだとき建物の2階に5人が上がり、2人が山に逃げた。山に逃げた一人以外みんな犠牲になってしまったということだった。

勝也さんのお母さんはその日以来時間が止まったままだ。自分が何をしているか分からないという。さらに悲しむべきことは、大槌町の毎年行われる合同慰霊祭では、大槌町で犠牲になっていても町外犠牲者のため、慰霊者として名前を呼ばれることはないのだという。

せめてもの救いは、学生時代カーリング選手だった勝也さんの道具一式は車の中から見つかったということだった。帰り際に、お地蔵様をようやく渡すことができた。彼らが初めて「風の電話」を訪れた日から半年がたっていた。

その後、勝也さんの手掛かりは何か見つかっただろうか、お母さんの意識の向け換えができただろうか。その後にできたCD『風の電話』を送った。

この様にひっそり来て、そして静かに帰っていく方の悲しみは深く大きい。東日本大震災の津波で亡くなり、行方不明になっている人たちや残された家族の気持ちを想い、「あの故郷《まち》に帰ろう」を作詩してみた。

あの故郷《まち》に帰ろう

佐々木　格

あの日僕は誰にも告げずに故郷《まち》を出た
途中何度も家族の笑顔が僕を引き戻そうとした
見えない大きな力が僕を包み
故郷《まち》から遠く引き離した

そこは見知らぬ街で僕は迷い混乱した
行きつけの店も知った顔も懐かしい花の香りもここにはない
果てしない暗闇がつづく街

ここの街外れは何処にある
僕の居場所はどこにある

帰りたい
もとの森や小川のある故郷《まち》がいい
小さなマーケットと美容室それに小さな花屋があればいい
帰りたい
僕が笑い君と家族が笑う故郷《まち》
みんなで肩寄せあえるところがいい

今は笑顔で話す僕はいない
だけど君には見えるはず
君と家族の住むあの故郷《まち》が僕の居場所
何時もいるよ
愛する人が幸せに暮らせるように
何時もいるよ

いつも傍に寄り添い手を差し出せるように
あの故郷《まち》に帰ろう
あの故郷《まち》に帰ろう

亡くなった人たちを思い出し、これを書いているが涙が止まらない。……

もう一題、ブログの掲載内容を紹介したい。

「今日で3回来ました。やっと電話することが出来ました」とノートに記した方がいた。いつもなら訪れた方を案内しながら話をするのだが、その日は別の来訪者もありその方を一人にしておいた。身体の大きな男性で、風の電話ボックスで黒電話を握り締め、あたりをはばからぬ大声で泣きながら話している様子。しばらくそっとしておいたのだが何時までも電話ボックスから離れないので側に行き、「どうかされたのですか」と訊ねると、男性はポツリと「妻を亡くしました」……。

津波で行方不明になった妻、美和子さんの遺体に対面したのは、震災発生から1か月後。「風の電話」で、すぐに見つけてあげられなかったことをまず、謝った。そして、自分と息子や娘がみんな無事だったこと、毎日会いたくてたまらないことなど、思いをすべて吐き出した。電話から返事はなかったが、電話の向こう側に30年余連れ添った妻がいると感じた途端に涙がこぼれてきた。電話ボックスのなかでも、外に出てからも声を上げて泣いた。私が声を掛けたのはそうした時だった。彼はその後、次のように語ってくれた。

美和子さんとは小中学校の同級生で、3回目のプロポーズをやっと受け入れてくれ結婚できたことや、以前は、陸前高田市でスーパーや水産食品の製造をしていたこと、しかし、2006年に倒産、取引先や従業員に迷惑をかける覚悟をしたが、逆に顧客から「頑張れよ」と励まされた。だから、震災が起きてからはせめてもの恩返しにと、妻の遺体が見つからない間も、支援物資を運んだり、炊き出しをしたりとできることをやった。心に空いた穴はうまっていない。「でもあの電話があれば愛する妻と話ができると思え、自分にとっては宝物のような場所」と言う。

もし必要なら、お地蔵様プロジェクトよりお預かりしているお地蔵様をお渡ししますが、と話すとうなずき、カフェでお茶を飲んで行かれた。

ノートには「やっと電話できました。残りの人生は故郷の再生に務めて往きます。その時は胸を張って会いにいきます」と記してあった。

彼はその後、陸前高田市の市議会議員選挙に立候補した。自分の悲しみ、辛さを心の片隅に押し込め、仮設住宅に暮らしながら震災者に対する彼の献身的な世話振りは彼をトップ当選させた。

スーパーをやっていた時の苦労、失敗してからホテル勤めしていた時も失わなかった彼の明るさ、愛する妻を亡くしたにもかかわらず、故郷高田のいち早い復興を目指して活動する姿勢に多くの市民が共感した結果だった。心からおめでとうの賛辞を贈りたい。

彼はこれまでに、陸前高田から1時間20分かけ9回ほど訪れている。何回目だったか来た時に「今日は妻の誕生日だ」と言うので、その時ベルガーディア鯨山を訪れていた方と皆でケーキとコーヒーで誕生日を祝ったことがあった。彼のように「風の電話」で亡くなった大切な人との心の交流を、生きる希望にして前を向こうとしている姿勢には、「風の電話」の有無に関わらず、思いを掛け、応援してあげたい。

泣きたいときには何時でも「風の電話」に来て、思い切り泣いていけばいい。やがて思い出を慈しむ〝あたたかな涙〟に変わる時が来るだろう。

また何度来ても電話を取れない人、ボックスに入る気持ちになれない人など悲しみ、苦しみ、辛さ、悔しさは個人差が大きく、心の復興には何時それ何時までに元の日常を取り戻す、と期日を設定することは難しく、長い寄り添いが必要になる。

「風の電話」を訊ね来られる方に静かに寄り添って「よく来たね」「大丈夫ですよ」と声をかけてあげなければならない方がまだ大勢いる。それらの方々に想いをかけ、思いをはせることを常に心せねばならない。と私は自分のブログを締めくくっている。

震災当初、「風の電話」を訪れる人の多くは突然に大切な人が帰らぬ状況になった現実を受け止めることが出来ないでいた、否むしろ認めることが出来ないという思いだった。無理もないことだろう。朝仕事へ「行ってきます」と出掛けた夫、学校へ行った子供たち、送り出した後掃除、洗濯を済ませ、買い物或いはパート仕事へと、家族がそれぞれの未来への夢を描いた生活をしている最中に起きた災害は、笑顔で再会することを無残にも寸断してしまったのだから。

遺体も見つかっていない状況から、死んでいるのか何処かで助けを待っているのか、何も分からず月日が過ぎていくだけだった。「風の電話」に置かれるノートに、その被災者の悲痛な想いを見ることが出来る。そして震災当時から3年、5年と時間が過ぎることによる人間の持つ自然治癒力というか自己回復力により、「自分は何とか頑張って、貴方の分まで生きていくから天国から見守って欲しい」と自分自身への意識の向け換えが読み取れるようになってきていると思う。ノートからその一部を紹介する。

2011・5・13（金）　はれ
あの日から二ヶ月たったけど
母さんどこにいるの
親孝行できずにごめんね

あいたいよ
絶対みつけてお家につれて
くるからネ

２０１１・８
親父さん
貴方の白髪が
とにかく〝懐かし〟いです
私はこれからの
生活に
全力を出して
貴方の娘を
守って行きます

２０１２・５・31
１年以上経つけど

まだ忘れることが出来ません。
楽しく過ごせた時を思い出していました。
色々有難うございました。
早く見つけてあげたいです。

2014・3・11
震災のあの日、何度か電話しました……でもつながらなかった……
ごめんねおばあちゃん……ごめんね

2014・5・13
お母さんへ
独りでも生きていけるよう、強い子に育てていくのが
私の子育て。と言って私を育ててくれました。
お父さん、お母さんが亡くなり、兄弟もなく
仲の良い友達が何人も亡くなってしまうと
本当に淋しくて、こちらで独りがんばっている

ことが苦しくなります。
親しい人が多いそちらに行きたくなることが
度々あります。
お母さんに会える日まで、私がこちらで頑張って
生きていけるよう見守っていてください。
会いたいです夢でもいいから会いたいです。

２０１４・５・17
娘と結婚して、私たちの息子となって「おかあさん」と呼んでくれる日を心待ちにしていました。

息子となって始めての母の日にプレゼントを手渡された時はホントに嬉しかった。

でも、はずかしがりやのＫくんから「おかあさん」とは言ってもらえず来年の母の日には……と期待していました。

……でも、３月のあの震災で帰らぬ人となり、「おかあさん」と呼んでもらえぬままになってしまいました。

空の上では楽しく過ごしているかな？
いつか、空の上から私に聞こえるように「おかあさん」
と呼んでくださいね！
あなたは、いつまでも私たちの息子です。

２０１４・６・12
父ちゃんしばらくだね、二人で話しするのも
涙になってなにを話していいか頭に出ない。
一日だけでいいから夢ではっきり会いたいよ。

２０１４・10・14
お父さん、たくさんのありがとうを込めて、
お母さんと私達の事見守っていてね。

２０１４・10・17
Aさんのお母さん、Y君のおばあちゃん

いつも天国から見守ってくれてありがとう
ずっと、ずっと忘れません。

２０１４・12・11
生きている限り救いはないと思えた日々も、
いつか思い出として回想できる日が来る。
悲しみを心の底に沈めたまま引きずっている。
心に壁がなくなってしまった。埋めようのない空間（喪失感）
今も思い出の言葉が耳に残る。
「風の電話」で伝えた言葉で心が解き放たれた。

２０１４・12・24
２０１０年5月26日、出会って数週間して私の手をにぎって
「私どうしたらいいの助けて」と言ったまま、それからしばらくして
二度と会えなくなってしまいましたね。今生きていたらどんな
お話ができたでしょう。私はなんとかやっています。助けることができなく

てごめんなさい。今生きていることをたいせつに、力の限りあなたの分までやっていきます。逃げたくなる時もありますが、みていてね。

2015・2・22
震災の3ヶ月前、病気で空へ帰っていった幼い息子の誕生日が明日23日です。生きていれば明日で5歳になります。電話を通して「お誕生日おめでとう」が言えました。ありがとうございました。息子に届いたと思います。すてきな場所をありがとうございました。

2015・3・5
お父さん、お母さんどうしていますか?
私たちは皆元気でいますので安心して下さい。
また会いたい……あいたいです。

やっと来ましたよ！
もうすぐまた３・11がやって来ます。
元気でいますから安心して見守っていて
下さいね！
お母さんの誕生日
ここにこれて良かったよ！

２０１５・６・21
父ちゃん……貴方が亡くなってから5年目
淋しいです。時々夢に出て来るけど、元気でいますか。
私もあと何年生かしていただけるか
わかりませんが待ってくれますか？

（以上、「風の電話」ノートより氏名はアルファベットに改変して記載）

どうでしょうか？　家族を亡くし残された遺族の６年という時間の心の軌条が伝わったでしょ

うか。グリーフを抱えている方々は何年たとうがその悲しみは消え去ることはなく、思い出すと涙がでるものだ。だがそれは、悲しみだけの涙ではなく、感情を出すことで心が解放される感覚を持てるようにもなるのだろう。そんな時「風の電話」を訪ねて来て欲しい。ボックス内はあなたと亡くなった方の二人きりだ。思い切り泣いてもらいたい。そして、1日も早く故人を愛おしく想う思い出にし、自分自身への意識の向け換えができるようになることを祈るばかりである。

3、「風の電話」CDになる

東日本大震災から3年目を迎えたあたりからボランティアで大槌に入る人たちも少なくなってきたと感じるようになった。中には、「まだそんな事をやっているのとまで言われた」。そういう話も耳に入るようになってきた。いわゆる、忘れられてきていると感じるようになってきた。世の中は常に動いており、その中で社会生活を送る人々もそれぞれ生活のあることは理解できるが、大災害があり多くの方が亡くなり、未だ仮設住宅で悲しみを抱えて暮らす人がいる生活が忘れ去られ、何事もなかったかのような社会は、復興が遅々として進まない被災地の住民にとって無力感に突き落とされる以外の何物でもない。

オーストラリアの精神科医のビバリー・ラファエルは、著書（『災害の襲うとき』ビバリー・

ラファエル著、石丸正訳、2016、みすず書房）の中で、「被災者にとって最大の危機は忘れ去られることにある」と言っている。被災地の現状を見れば、まだまだ忘れ去られるべきでない生活をしている人達が大勢いる。仕事に就くことができず物質的支援を必要としている人、家族を亡くし未だ精神的に立ち上がれない人、仮設住宅から出た後の生活を心配する人、不自由な生活から病気になり将来を心配する人等々。これらの人達を忘れずにいたい、忘れて欲しくないと思う。被災から3年が過ぎた頃よりPTSD［注］を訴える被災者が多くなっているようだ（「ケアマネタイムス」2014年2月25日版）。忘れ去られることの無力感が影響していると考えられる。また、「風の電話」に行きたいのだが遠いので行けないという電話や、震災とは関係ないが家族が亡くなった、電話で話がしたいがなかなか行けないという電話連絡も多くなっている。そんな人たちにとって「風の電話」と同様に、言葉を口にすることの効果を願い、歌を口ずさむことにより心の負担を軽くし、一日も早く日常生活を取り戻してもらえたらと、願いを込め、私を含め被災地に暮らす3人が協働して「風の電話」のCD化に漕ぎ着けることが出来た。

まず、2014年の4月、電話ボックスに置いてある詩「風の電話」と、今までに電話を訪れ

［注］Post Traumatic stress Disorder　心的外傷後ストレス障害：衝撃的な体験により強いストレスを感じ、恐怖感、不安感、緊張感によって日々の生活に支障を及ぼす状態

て亡くなった大切な方に届けられたノートに綴られた想いを重ね、私が歌「風の電話」を作詞した。そして、同じ被災地大槌で音楽活動をしている大久保正人さんに作曲を依頼した。彼は大槌で被災し父親を亡くし、家も失った。震災後しばらくは音楽活動ができる状態ではなかったが、やはり自分には音楽しかないと気持ちを奮い立たせた時期に重なる。彼は元、姫神せんせいしょんのメンバーで、今はギター・尺八・篠笛等を演奏するライブ活動を各地で行っている。

彼は「曲は短時間で自然に出来ました」と言う。それだけ彼の音楽に対する集中力が高まっていたのだと思う。同じく地元のボーカリストのサチさんとともに楽曲が完成した。

歌「風の電話」が完成した翌日、一人の初老の男が「風の電話」にやって来た。F氏と名乗った彼は、電話ボックスや花を中心に写真を撮っていた。

私と大久保さんは、出来上がったCDを聴いていた。そこにやって来たF氏も黙って聴いていた。我々は彼が著名な写真家であり、毎日芸術賞を受賞している人物だとは知らなかった。話をしているうちに大久保さんが何か思い出したのか「彼は有名な人だよ」と私に囁く、しかし、私はどこの誰なのかまるで分からなかった。

そのうちF氏と名乗る彼は、CDジャケットの写真を提供したいと言い出した。大久保さんはその時には彼が著名な写真家・F氏であることに気が付いていたようで、どの様な写真を使うのかも分からないうちから、これはすごい事だと言っていたのだが、私は相変わらずF氏のことは

あの日想うと涙があふれ
想い出流してしまいそうで
風の電話
Telephone to heaven
さち

CD『風の電話』

何も分かっていなかった。だが、写真を提供する関係上、今後製品化までのプロセスについて相談に乗って欲しいとお願いした。彼は快く引き受けてくれたのだが進めていくうちに、お互いの想いに齟齬が生じるようになった。

　写真の提供自体には問題はなかった。私自身の話し方にも問題があったとは思うが、ＣＤ発表までの進め方に私は疑問をもってしまった。何故なら、当初のＣＤ制作の目的である「被災者を何時までも忘れないで欲しいという想い」と、「歌を歌うことにより言葉を口にして、電話をするのと同じように気持ちが楽になり癒しになる」と考えた被災者に寄り添うというコンセプトよりも、商業主義的に偏り、いかに多く売るかの話に重点が置かれるようになってしまったからだ。世界を股にかけ活躍している彼にすれば当然のことなのだが、話のスケールが大きすぎて、彼に振り回されていると感じるようになり、私にはついていけなくなった。後で彼自身も「僕は九州の人間でいちいち自分の行動の理屈を話すのは女々しいと言う考えがある。今回の『凪の電話』にまつわる過程でも、何をやるという以外自分の思いなどはあまり話しませんでした。そのことがのちに大きな誤解となったと思います」と言っていた。大久保さんとサチさんには思いの行き違いはなかったとも言っているので単に、私たち夫婦とF氏の思いの食い違いだったのである。その結果、折り合いが悪くなりF氏は辞退したいと言ってきた。この時のF氏の心境は次のような思いだった。

「物事を発展進行させていくにはすべての人が何のわだかまりもなく一丸となってこそ力が発揮できるものです。大久保君の流された家の跡に行き、サチさんと仕事途中で一瞬会った時、彼女が自分の母の面倒を見ながらネイルの仕事をしながら細々とやっているのを見て、なんとか2人の力になって大久保君や彼女にとって一生に一度あるかないかのチャンスの力になればと思いました。そういうこもごものことを考えると本当に残念なのですが、どうも一度熱が冷めた状態からふたたび気持ちを持ち上げることはむずかしく、今の気持ちとしては『凪の電話』から手を引き最小限の関わりにとどめていくというのが正直なところです。」

私と妻はそれで構わないと思っていたのだが、大久保さんとサチさんの落胆は大きく「食事も喉を通らなかった」と聞いた時には私もことの重大さに驚いた。音楽活動をしている2人にすればまたとないチャンスととらえていたのだろう。一緒にCDを作り、2人がこの機会に夢を見出しているのであれば、自分の考えを収めても彼に協力してもらわなければと考えた。心が非常に重かったのだが彼に電話をかけた。

「今回のことに関して、大久保さんとサチさんの落胆振りには責任の一端を感じている。何とか考え直し協力して貰えないだろうか」……。F氏からは「僕は亡くなった兄に自分で『風の電話』を歌って聴かせたかったこともあり突然にレコーディングさせてもらったとか、何の事前説明もなく行動をしてしまうので、当事者には迷惑をかけてしまう。又、今回のこともいたずらに引っ掻き回しましたが、元の静かな大槌に戻り、ゆっくりと人間の歩む速度で『風の電話』を人々の耳に届けて下さい。その過程で、僕は僕なりに雑誌やウェブなどで側面から応援します」という返事だった。

後でCDジャケット用の写真は届いたが、ミニ写真集かと見紛うほど立派なものとなっていた。結局、制作費用についても彼からの申し出はお断りして、F氏には写真の提供だけとし、後は、我々3人の自主制作ということにして、ようやくCD『風の電話』は完成したのだった。

全て物事を進める際、人数が多くなればなるほどみんなの意見を取り入れようとする、するとその目的とする焦点がぼやけて来て、最初の目的から外れてしまうことがある。一人ひとりの意見は大切だが、それによる本末転倒は避けなければならない。

そして、2014年9月27日、ベルガーディア鯨山において、CD『風の電話』の制作記念トーク&ライブコンサートが行われた。野外の為、台風16号の影響が心配されたが、当日は秋晴れの良い天気で暖かな日射しを浴び、80数名の参加者が『風の電話』が出来るまでの経緯を、それぞれの立場(作詞、作曲、歌、ジャケット写真)から作成にまつわる話に聞き入っていた。

2部のコンサートに入ると雰囲気はがらりと変わり、サチさんの歌声や大久保さんの奏でる尺八や篠笛がガーデンに響き渡り、身体が、木々の葉や青空に吸い込まれ、溶けて自然と一体になったように感じた。最後には、参加者全員で『風の電話』を歌い感動を共有してライブを終了した。読者の皆さんにも是非聴いてもらいたいが、ここでは『風の電話』の歌詞を以下に紹介するにとどめたい。

作詞　佐々木　格
作曲　大久保　正人
歌　　さち

一

人は皆《みん》な思い出す
現在《いま》を生きて明日《あした》を語る
出会いと別離《わかれ》が交叉する
あなたは誰と話しますか
静かに目を閉じ耳澄ませば
風の波のざわめきが
あなたの想い伝えてください
きっと思いは届くでしょう

二

あの日を想うと涙があふれ
思い出流してしまいそうで
一人心を閉じてきた
今は二人だけ唯泣きたいの
外の花は希望《ゆめ》くれますか
庭に佇む風の電話
あなたの想い伝えてください

きっと思いは届くでしょう

三　あなたの笑顔を見ていたい
ここに私はいないけれど
あなたにはきっと見えるはず
あなたの心私の居場所
何時もあなたの側にいる
誰に語るか風の電話
あなたの想い伝えてください
きっと思いは届くでしょう
あなたの想い伝えてください
きっと思いはあの人に

『風の電話』の歌詞の1番は一般的な日常生活を送っている人が、「風の電話」があったならあなたは誰と話をするのでしょうかと歌っている。

2番は、普段どおりの日常に突然不幸が襲いかかり最愛の人を失うことになり、残された者の悲しくて、苦しくて、辛い想いを表現している。

3番は、亡くなった方の想いである。残念で悔しい、しかしその遺族には現実を受け入れて欲しい。自分はいなくなったけれど何時もあなたの側にいます、何時も見守っていますというメッセージを歌っている。喪失感を体験されたあなた、遠くて「風の電話」まで来られないあなた、これらのことを想い是非『風の電話』を口ずさんでみて欲しい。あなたの想いはきっと届くだろう。

4、「風の電話」倒壊に見る思いやり

震災から4年目を迎えようとしていた2015年の1月8日、朝の風景の中に風の電話ボックスはなかった。

確かに前日は正午ごろから恐ろしいほどの強風が吹き荒れ、日中の気温もマイナス3℃という寒くて外に出るような状態ではなかった。それでも鍛冶工房で燭台製作を終え、夕方4時30分頃には電話ボックス内の整頓とカレンダーの日めくりをした。この時まで電話ボックスは何も異常はなくそこにあった。翌朝になり、何気なく見た風景には何時もの電話ボックスは無く、その場所に無残に壊れ散らばっていた。瞬時に、必要あって電話に来る人達にこの無残な姿を見せられ

倒壊した電話 BOX

ないと思った。「グリーフを抱えた人達が、この状況を見たら癒しどころかますます悲しみが増す恐れがあり、とりあえずこの状況を早く片付けなければ」という思いだった。

それから妻と2人で重い電話ボックスを引きずるようにして桜の木の下に取り置き、割れたガラス片を拾い集め、目に触れないところに片付けた。そして、倒壊を知らないで訪れる人たちが無いようにしなければと思い、「風の電話」のことを最初に取り上げた新聞記者に、当分使用できなくなることを電話で連絡した。

情報は瞬く間に伝わり、釜石に駐在している記者がすぐに見に来て、昼の電子版ニュースにアップしてくれた。これで倒壊を知らずに訪れる人が少しは減るだろうと、とり合え

BOX 内部

ず胸をなでおろした。

倒壊した主な原因は、やはり強風（瞬間最大風速26・９ｍ／毎秒）だろう。間接的には、元々電話ボックスは屋内用で木製であり、ペンキを塗り、屋根を取り付け屋外で使用しているため、基礎に接触している部分が腐食気味になってビスが緩んだのだろう。そして高台移転、三陸縦貫道工事による森林伐採で自然環境の変化（風の流れ）が変わり、部分的に風の直撃を受けるようになったのではと推定される。風の流れの変化を裏づける現象として、周辺でも杉の立木が強風で折れ、車や家を直撃する事故が発生していた。

私としては以上のことから取れる対策として、屋外用のアルミ製の電話ボックスに置き換えることを考えていた。しかし、そうなると資金の問題が発生してくるし……「うーんどうしようか」という気持ちだった。

いずれアルミ製に変えるとなると製造元、費用等を確認する必要があり、しばらくは「風の電話」の使用を休まなければならないことを覚悟した。

ところが、インターネットでニュースを見たというNPO法人「遠野まごころネット」の臼澤理事長から「お手伝いします」の連絡があったので、次の日に手伝ってもらい電話ボックスを見えない所に移動することにした。その直後からインターネットを見たというテレビ局、新聞社の取材申込み、団体、個人のお見舞い等々で家の電話が鳴りっぱなしの状態になった。反響のすごさから「風の電話」の社会性の大きさを改めて知らされた。妻には「私が倒れてもこの様な状況にはならないだろうな」と言い笑ったが、何とも言えない複雑な思いだった。

今後のことをどうするのかと聞かれてもまだ何も決められない状況だったが、何も知らずに「風の電話」を必要とする方々が訪ねて来ているので、仮の電話設置場所を確保しなければという思いだった。

場所の選定に当たっては充分注意を払わなければならなかった。「森の図書館」はあったが、グリーフを抱えた方に対しては、他人と頻繁に接触する場所は避けなければならない。そこで当分の間不便をかけると思ったが、鍛冶工房を仮の電話場所にして様子を見ることにした。

翌日、「遠野まごころネット」の皆さんと、壊れた電話ボックスの片付けをしている最中だっ

電話 BOX 修理中の港さん

た。以前、母親を津波に流され未だ行方不明になっている隣町山田町の大工の港さんがやって来た。十数年前に我が家の新築時に、ハウスメーカーより委託された工務店の大工さんで、今では独立して港建築を経営している。震災で義母を亡くし、「風の電話」を今まで３回程利用していた。

大工の港さんは「どれ見せてみろ」と壊れた電話ボックスを一目見るなり「修理できる。明日から始めるから」と簡単に言い放った。「今度は、基礎に直接電話ボックス本体を乗せるのではなく、土台をまわしてその上に設置すれば腐ることも防げる」と話した。

木製での再建は諦めていたのでその力強い言葉に、片付け作業をしていた全員がほっと安心した瞬間だった。取材に来ていたテレビ、新聞の記者たちも「それでは明日もまた来ますのでよろしく」と寒さの中にもかかわらず、皆の顔がほころんでいた。

1月10日9時ちょうどに修理作業は始まった。港さんは壊れた電話ボックスを、手際よく使える部分と捨てる部分に切断分離し、木片をビス止めしたり、削ったりしながら元の形に修復していく。私と遠野まごころネットの井上さんは港棟梁の指示に従い、ドリルで穴あけや工具の手渡し等、鼻水をすすりながらのお手伝いだった。

後で港さんの奥さんにお聞きしたのだが、「風の電話」倒壊を聞き「11日の大震災の月命日には訪ねてくる人もあるだろうから何とかボックス本体を立ち上げるところまでやりたい」と言って様子を見に来たそうである。

努力の甲斐があり1日でボックス本体を立ち上げ、屋根を乗せることができた。翌日は扉の製作と屋根のスレートの修理を予定、ボックスのガラスはアクリル板を使うことにしたので入荷するまで日数がかかる。しかし、その日の夕方ぐらいには電話、ノートその他の物はセットを終えることが出来るだろうと予定が決まった。

大震災後、被災地を始め世界中で、宮沢賢治の詩「雨ニモマケズ」が朗読される機会が多くなった。これは震災で家も財産も失ったけれど逆境に負けないという気持ちの表れと、誰か困っている人がいれば行って手を貸してやる、行動に表すという賢治さんの精神を、被災地の皆さんが感じとっているからだと思う。港さんは「そんなことは知らない」と言うかも知れないが、賢治さんが理想とする生き方を彼は自然体で出来ているのかもしれない。

修理2日目、港さんは自宅のほうで午前中かけて扉の製作をしていた。彼は前日に「前のもの程立派には作れないから簡単にそれらしく作るよ」と言っていたが、職人というものは決してそうでないということを、私には分かっていた。

もし誰かが作ったものを修理することになったら、「絶対にそれに比べ見劣りするものは作らない。同等かもしくはそれ以上の物を作ると職人の腕、プライドにかけて対抗心を燃やすはずだ」と私は妻に話していた。午後になり港さんが扉を持ってきて取り付けが始まった時、妻に「どーだ、言ったとおりだろう」と話しかけた。職人の心理を良く解っているだろうと得意顔になっていただろうと思う。前日には、扉の格子は簡単に角材で作ると言っていたのに、出来てきた扉はルーターで角がきれいに化粧の面取りが施されており、前の扉と遜色の無い出来栄えだった。

前述で港さんの行動を、宮沢賢治の理想とした生き方にたとえたが、「風の電話」の倒壊を発見したのが2015年1月8日。一方、賢治さんは1925年（大正14年）1月5日に雪の花巻から東北本線最終21時54分発の夜行列車に乗り、翌早朝八戸駅に着き、更に八戸線に乗り換え種市へ、そこから吹雪の中を歩き6日は久慈の下安家に泊まった。翌日7日は発動機船で宮古まで来ている。宮古を8日午前0時00発の三陸機船で山田港船着場に午前2時30分頃到着、下船している。それから大槌までの16㎞、夜道を月明かり頼りに船越の四十八坂、浪板の牧場を通る浜街道を歩いて、1月8日、日の出直後7時過ぎた頃だろうか大槌に入ったと思う。その後、大槌川の河原で休憩しており、詩「旅程幻想」を構想したと推察される。

お解りになっただろうか……「風の電話」倒壊を見て、1925年の1月8日から90年の時空を経て2015年1月8日に再び賢治さんが大槌に来たのだと私には思われたのだった。何故なら、一昨年ベルガーディア鯨山では「宮沢賢治童話展」を開催し、期間中の5月3日には花巻宮沢賢治記念館の牛崎副館長を招いて、チェロと朗読のコンサートを開催した。2014年12月13日から2015年3月1日まで大槌中央公民館で「宮沢賢治イーハトーブと三陸海岸」を開催し、2月15日には「大槌と宮沢賢治の関わりを知る」として勉強会と講演会を開催し、さらに「大槌宮沢賢治研究会」の発足をしている。新聞、テレビでは「風の電話」が倒壊して私が非常に落胆していると報じられた。それは事実であるが、反面私には賢治さんが、私だけに分かる方法で90年の時空を超えて来たと感じられたのだった。

まさに「風の電話」である。何とか賢治さんの精神の何万分の1でも理解したいとの想いは通じたと感じたのであった。

大工の港さんをはじめ皆さんの努力のお陰で1月15日には修復が完了した。この日の気温はマイナス４度と修理が始まって以来一番寒く、鼻水も垂れっぱなしだった。

本当にボランティアの皆さんには感謝している。これ程の厳しい作業条件の中で復元した「風の電話」、賢治さんの「利他の精神」と共に復元した「風の電話」を利用してくれる皆さんにもその想いは必ず伝わると思う。そして、その思いが大切な方を亡くした人たちの、一日でも早い喪失のつらい体験からの回復を後押ししてくれると信じているのである。

第4章　「場」の力

1、実体のない「風の電話」を求める

大震災からこの6年間、何回となく新聞、テレビ、ラジオ、雑誌の取材を経験してきた。またそれを基に、インターネット上で様々な情報が飛び交っている現状もある。しかし、それらの情報が本当に「風の電話」の実体について伝えているかと言うと、穴から外部を見るより、外から離れた穴の中を見るように、ほとんど内部が見えないように、甚だ心もとない状況だろうと考えている。部分的な側面しか伝えていない、むしろ実体のない側面だけの情報が一人歩きをしている感がある。

また、「風の電話」という同じテーマで皆さんに同じことを話すのだが、受け手が違うとそれぞれ感性が異なるからだろうか、受け取り方が変わり、活字や映像になった時「何か違う」という違和感になっている。

取材でも、わざわざ現地に赴き顔を合わせて話の真意を汲み取ろうとする方もいる一方、電話で経費をかけないでお気軽に済まそうとする方もいる。最近では真意が伝わり難いことから電話取材の申込みはお断りすることにしている。現場に立ち見えるもの、聞こえるもの以外にそこだけにある空気、見えないもの、聞こえないものの雰囲気とか、匂いとかを感じ取って欲しいからだ。

人が見たり、聞いたりするところの実体には個人差が大きく出る。何故なら、その人が見たい、聞きたいと思う自分の欲求や、最初の強い印象や、思い込みに左右されることが多いからだ。だから同じことを話しても活字になった記事や、放映される映像には何時も「そうではないのだが」という疑問が残る。これは単に話し手と聞き手の感性の問題だけでなく、話すテーマが心の問題であり精神的なもので、数量的に明確に表現することの難しさもあるかと思っている。

取材やその他のことでも事前に電話で連絡があるのはまだ良いほうで、当方の了解もなしに「風の電話」の詩集を作った、歌集を作った、絵を描いた、歌を作った、小説を書いた、映画を制作したい、挙句はお寺に相談に来る人達が肝心なところは心を打ち明けてくれない、だから境内に「風の電話」を作った等々、ご自分自身が徳を積み、救いを求める人たちの「風の電話」にならなければならないのに、何を考えているのか疑問を感じる人達がいる。甚だしいのには、各新聞、テレビで放送されたものを一挙にまとめ「風の電話」としてインターネットで配信しているものまであった。

名前だけ或いは、形だけ真似て作品を作りました。見てください、聞いて下さい、来て下さいというものに何の価値があるのか……。一人前の表現者としてやることではない。自己の確立というか、もっと自分の才能を信じるべきだと言いたい。

この様に余りにもいい加減な状況がまかり通っている事から、２０１３年8月に岩手県知財総合支援窓口である中嶋さんに相談し「風の電話」について商標登録をすることにした。色々と検討を重ね、2014年11月17日に出願し、2015年2月27日に商標登録がされた。このことにより「風の電話」は、指定商品又は指定役務並びに商品及び役務の区分がされ、法的に保護されることとなった。しかし、実態は余り変わらず無断撮影、無断使用は続いている。

2、「風の電話をたどって」連載記事に寄せて

2015年9月1日から9日に渡って、二人の記者が交互に「風の電話」を巡る出来事を朝日新聞の6回の連載記事にした。その記事のなかで、記者への質問に答えた私のコメントも掲載された。

ここでは、3つの記事から内容を抜粋し紹介したい。そして、その記事を踏まえながら、私の考えを述べてみたい。

○被災地との差に違和感

家族を失って悲しいとか、それでも負けないとかいう記事はもういらない。町や人がどう復興していくか書きたい……。そう思って東京から来てみたが、とてもそんな状況ではありませんでした。そんな

時、海を望む鯨山に「世捨て人」のごとく住み、庭をせっせと造っている人がいると聞きました。曲がりくねった山道を上がると、そこは別世界でした。千坪を超す敷地に英国風の庭が広がっていました。（中略）その庭に、白い木製の電話ボックスが立っていました。中にはダイヤル式の黒電話が置いてあり、電話線はつながっていない。（中略）私はその記事を書きました、反響を呼び、多くの人が全国から庭を訪ね、故人を思って受話器をにぎりました。ただ、地元の大槌や被災地からは、ほとんどきませんでした。私も遺族に勧める気にはなりませんでした。

私は「違和感」を抱いていました。電話の魅力を感じて記事は書いたが、一方で、庭から見下ろす浪板海岸の惨状とは落差がありすぎました。私は取材を終えると足早にがれきの町に戻りました。たまに大槌から東京に行った時、帰りたくなる気持ちと似ていました。

（「風の電話をたどって」１より）

○魅力を解き明きあかせた　でも……

（ＣＤ「風の電話」のジャケットを撮った）写真家のＦ氏にお話をうかがいました。Ｆ氏は最初、「できすぎた話」だと思ったそうです。被災地を十数回訪れ、「とってつけたような」記念施設やイベントをいくつも見てきたからです。それでも「風の電話」を見てみようと思ったのは、電話は、そもそも震災があったから造ったのではないと知ったからでした。（中略）Ｆ氏はその庭の光景を実際見た瞬間「これは本物だ」と確信したのだそうです。「佐々木さんの念を感じた。花の表情が違う」（中略）

ピュリツァー賞の受賞歴もある米劇作家ニロ・クルズさんも、この庭を訪れて触発された一人です。米マイアミ大准教授の北山道子さんと一緒に、被災者が実際語った言葉だけで芝居を作ろうと、12年5月、大槌町や釜石市で20人以上と向き合いました。その一人が佐々木さんでした。

「風の電話」は今月12日に米で初演する「TSUNAMI」のラストシーンに登場し、子供を流された母親が受話器をとり、「ハロー」と呼びかけて終わります。「インタビューした人はみな、今も失った人と一緒に暮らしているように話した。電話はその象徴。世界中の同じ悲しみを抱えた人にも共通する」と北山さんは言います。2人の住むマイアミもハリケーンで度々被害を受ける町です。

庭の持つ「場の力」を実感した人たちが、それを普遍化して創造していく。「魅力」は解き明かせました。でも、「違和感」は続いていました。

（「風の電話をたどって」3より）

○「心の風景」の差なのか

なぜ「風の電話」を思いついたのか。佐々木さんに聞いてみました。（中略）妻が仕事に出ている日中はずっと一人。話し相手は、自然のなかの動植物でした。カモを餌付けしてならし、木や草花に声をかけて成長を見守っているうち、「話ができない生き物にも、思いを伝えることはできるんだ」と実感したそうです。「だから自然に風の電話を発想できたのでしょう」

想像の世界というより、実生活から、昔はだれもが持っていたものを取り戻して生まれたのです。（中略）震災後、人生に対する考え方が変わったといいます。「誰もひとりでは生きられない。あの時どれだけの人に世話になり、助け合ったか」。そういう考えから、庭を無料で開放し続けています。震災の翌年には、３年がかりで庭に石を積み造った「森の図書館」を完成させました。

震災から４年半が経ち、だんだんと「風の電話」を訪れる被災者も増えてきました。「生き残った我々は、津波の犠牲者や今後生まれてくる子供のためにも、どんな生き方をしなければならないのか示さねばならない」。彼らにも、佐々木さんはあえてそう説いています。（中略）

「あの光景とここでは、風景に違いがあり過ぎて戸惑います」そう話すと、佐々木さんは「それは目に見える風景のせいではなく、心の風景の差では」と答えました。

「電話をかけに来る人は、自分を納得させたくてここまで来る。だから、ある程度心の整理が付いた人。時とともにそういう人が増えてきたのではないか」

目を閉じて考えました。

私は、今も「心の復興」が半ばな人たちを中心に取材をしています。大槌町の震災犠牲者１２８５人のうち３分の１の４２５人は行方不明のままです。復興の方向性にも首をかしげます。（中略）

そうしたことを十分伝えていない。何より私に被災者ではない。わかったように記事を書いていていいのか。

そんな納得できない気持ちが重なって、風の電話や庭に身をおくのを拒むのかもしれない。実は自らへの違和感だったようです。

（「風の電話をたどって」５より）

＊＊＊

元々ベルガーディア鯨山は、東日本大震災からさかのぼること12年前から、「地図にない田舎のガーデン」としてコツコツと作り上げてきた。コンセプトとして「非日常の空間を創出する」という思いで、また「ガーデンを芸術作品の域まで高めよう」という心意気でガーデンづくりをやってきた所なのだ。被災に遭わなかったガーデンに対し、被災地を訪れ被災者のことを記事に書こうとする記者が違和感を抱いたのは、ごく自然のことだろう。

人々の変化について

私もグリーフを抱えている方に対して、「どうぞ来てください」とは一言も言ったことはない。何故ならグリーフを抱えている方々はご自分の殻に閉じこもりがちになるものだ。他人と会うのも、話をすることも避けるようになる。地元はまして顔見知りが多く、私たちもどこの誰か分かる。当事者にしたら行きづらいだろうと思う。しかし、２年、３年と時を経るごとに地元被災地の人達も「風の電話」に来る方が増えている傾向にある。これには、周りでどなたが震災の犠牲になられたかということを、徐々に話せるようになってきたこともあるだろうし、地元被災地以外からも風の電話に来ているという現実に勇気づけられていることもあると思う。また、遺族が現実を受け入れられるようになっている、意識の向け換えが出来るようになってきているという要素もあるだろう。当初訪れた全国の方々と同じように悲しく、辛い状態は今でも続いているが、前のように取り乱すのでなく、感情をコントロールできる心境になってきているのだと感じる。或いは懐かしい思い出として話したいと感じるようになってきているのではないだろうか。

心の風景と記者の目

人の見る風景はカメラを通して機械的に見えるものではなく、一旦各自の心に落とし、自分の生きてきた全てのものを通してその風景を感じ取る、それが各個人の見える風景と考える。記者も、当事者でないからと言って、自分を責めることはないだろう。そんなことをしていたら記者は記事を書けない。新聞記者としての立場で事実をありのまま正確に伝えることは大切なことである。しかし、誰が見ても、聞いても普遍的なものは別にして、対象の内容によっては受け取り方が記者個人の感性に大きく作用されるものがあるといえる。はっきり言って、記者自身の感想には事実とかけ離れているところが出てくる場合もあるだろう。なぜなら、全てのものごとは見る人、聞く人の心の持ち方しだいである。全てのものは、ただそこにその通りあるだけだ。それを記者である者が自分の感性で捉え、自分の記事にしているだけなのだ。だから記者はもっと素直な気持ちで記事を書いて良いのではないかと思う。

想像力を養う庭の力

記者は「庭の持つ場の力に関して、それを実感した人たちが、それを普遍化し創造していく魅力は解き明かせた」と書いたが、もっと具体的に言うと、ベルガーディア鯨山は、グリーフを抱えている人たちにとっては心身を開放させ、心身の癒しにより日常を取りもどすきっかけを与えているだけに過ぎない。グリーフを抱える方々がご自分の心との対話により、混乱や堂々巡りをしている想いを整理することにより自分を納得させ、周りの自然環境の力も借りて精神の安定と癒しの感覚を全身で感じ取る「場」なのである。子供たちには、小さな動植物に触れること、美しい自然環境に身を置くことで「綺麗だ」とか「清々しい」と感じることで感性を育み、ものごとの本質を見極める力を養うことが出来る。また全国の支援者にとっては、まだ知らない人、来たことのない人のガイド役となり、被災地を風化させないというそれぞれにとって欠かせない「場」となっている。訪問者は、日常と非日常空間、この間を行ったり来たりすることで感性は磨かれ想像力が養われる。この想像力を養う舞台装置となるベルガーディア鯨山が、多くの人々の創造性を刺激し、それぞれに優れた〝モノ・コト〟の輩出につながっているのだと思う。

「風の電話」の名前の由来を記者からも尋ねられたが、この名前は、決して「風の便りだよ」という軽い気持ちで付けたのではない。電話線はつながっていないけれども、想いを伝えることができる媒体として風を使ったのである。西村は「風」について次のように説明している。「英語のスピリットやフランス語のエスプリは、風や空気を表すラテン語のスピリトゥスやギリシャ語のプネウマに由来し、同時にそれらの言葉は、個人の身体をつらぬく精神や霊魂も意味する。同じことは、古代インドで風や大気を表すプラーナが、息や呼気を意味すると同時に、人間存在の構成要素の一つとされていた。「風」の一字には、そうした深い意味があるのだ。」（西村一郎著『愛とヒューマンのコンサート』２０１５、合同出版）私も命名のときは、ここまで詳しくは分からなかったが、感覚としてこのような意識は前から持っていた。風を〝見えるもの、聴えるもの、つながるもの〟と考えている。従ってごく自然に「風の電話」と命名したのである。

「風の電話」という場は、深い悲しみのなかにある方々が、本来持っているご自分の生活力を取り戻すため、自身が主体的に行動することを促していくところである。その結果、人々は、自らの力で、自身の治癒力を呼び覚まし、過去から将来へと意識の向け換えが出来るようになると考える。「風の電話」に身を置くことで、人々は、自分の力を再び取り戻し、その人の成長へとつながるように思われる。

そして、多くの人達に共感され、６年間で2万5千人の方々に利用されているという事実だけなのである。

3、「風の電話」と道徳教育

2015年6月のある日、ある教科書の出版社企画編集部より1通のファックスが入った。「風の電話」について弊社出版物への掲載のお願いとあり、次のような内容が記されていた。

「中学校の先生向けの道徳授業実践集（No.12）を発行することになり現在、編集作業を進めております。その中に絵本「かぜのでんわ」を教材にして授業された先生の授業実践を紹介したいと考え、御社出版物から、文章と写真の転載の許諾をいただきたくご連絡を差し上げました。つきましては、現段階の予定原稿と転載使用申請書、出版概要をお送りいたしますので、掲載についてご検討くださいますようお願い申し上げます」という内容だった。

あまりにも唐突に、かつ強引、手前勝手な依頼には何時ものことながら「なんだこれは」と反発心を持つ。現物があるのに来て見もしないで新聞、雑誌、テレビで見たものを編集するだけで道徳授業実践集を先生向けに作るという安易さにも納得できないものがある。この年の2月に「風の電話」の商標登録をしていたので、これは単なるビジネスとして考えたほうが良いのかもと思い直し「商標使用料」を確認したところ「事例が30件あるので風の電話分は3000円です」とのこと。……不愉快な気持ちも手伝って、「分かりました、お断りいたします」と、実践集の話は簡単に流れた。何でもそうだが、良く練り上げない安易な〝ものごと〟は簡単に崩れてしまういい例だった。

教科書に取り上げられるまでもなく、既に何校かの小・中・高の先生と生徒が直接「風の電話」を訪ね、道徳授業の中でその活動が取り上げられていた。次に私のところと交流のあった何例かを紹介したい。

❖長野県松川村立松川小学校6年3組大沢学級

２０１４年8月12日朝8時、夏休みを利用して、松川小学校6年3組の生徒21名とその家族、総勢30名を大沢先生が引率し「風の電話」にやってきた。

話を聞いてみると、授業で絵本「かぜのでんわ」を読み聞かせした後、感想文を書かせたところ、話に感動したこと、実際にモデルがあることを知った生徒たちが行ってみたいと思ったこと、先生が生徒たちの気持ちを大事にして「風の電話」の現地に連れてきたこと等が分かってきた。授業での話にとどまらず、絵本の舞台となった現場を実際に見せることにより、子供たちは行動する生活体験の中から学ぶことができる。体験することから、自らが何かを学びとる勉強をしたと思う。テストで高い点数が取れるよう教科書を厚くし、授業時間数を増やすことは２０１２年より実施されているが、感性を育て、行動力を重視する「生きる力」を育てる教育が今こそ望まれる。他人の痛みが分かり、悲しみ、苦しみに想いをはせる人に育てる教育こそが必要だと考える。しかし現状はどうだろうか。大震災で家を失い、或いは原発事故による放射線量の問題から他の地域に避難している子供たちが、いじめにあい貴い命を絶つ現実に心が痛む。どんな手段と努力を以てしても、失われた生命を取り戻すことはできない。人の命はかけがえのないものだからだ。私達は「一人の生命は全地球より重い」のだと教わった。それを思えば、我々はどんな犠牲を払ってでも子供の命を守らなければならない。「いじめをなくす」という掛け声だけでなく、実際に諸施策が実行され、いじめがなくならなくては、それは怠惰以外の何物でもないと言われかねない。また「命の重さ」、「命の尊さ」、人は一人では生きられないこと、皆で助け合わなければならないことを教える大人が、教育に携わる者が分かっていないからだ。我々の社会を支配している価値観に問題があるのではないだろうか。しかし、ひとつの小さな行動がそれら、問題ある価値観の見直しを可能にすることができる。それが教育であり、私は松川小学校の教育姿勢に共感したのである。

宮沢賢治の「行って何々する」という行動する精神を実践している教育だと思った。背景を考えるに、長野県松川村立松川小学校は、お米と水が美味しく美しい北アルプスと田園風景が広がる自然豊かなところで、近くに「安曇野ちひろ美術館」がある。松川小学校は美術活動を通じて、美術館とも交流しているのだそうだ。そうした環境も賢治を生んだ岩手と似ていると思われる。
子供の人格形成に環境が大きく影響を与えることは広く知られている。万能の天才と呼ばれたレオナルド・ダヴィンチの傑作は、豊かな自然や生きものに囲まれて育った子供時代の感性から、生まれたといわれている。松川小学校の環境を生かした教育者をもつ子供たちは幸せだろう。将来に夢を見ることができるし、生きる力になり、他人を思いやれる人になることに希望の想いを馳せることができると考える。

❖秋田県由利本荘市立西目中学校３年B組相沢学級

ことの成り行きは一通の手紙から始まった。原文のまま紹介する。

佐々木　格様
師走の候、日々、寒さが厳しくなっております。お変わりなくお過ごしのことと存じます。
この度は突然のお手紙、大変申し訳ありません。失礼ながら、お知らせしたいことがありまして筆を執らせて頂きました。私は今年5月、秋田県能代市より母と二人で、佐々木様のお宅の「風の電話」に伺った相沢晶子と申します。佐々木様のお庭にどうしても行ってみたいと連休を利用してお邪魔させて頂きましたところ、幸運にもお庭で佐々木様にお目にかかることができ、温かく声をかけて頂きました。奥様にもカフェでハーブティーを淹れて頂き、お２人の優しさに素敵な時間を過ごすことができました。昨年、病気で父を亡くし、気落ちしている母がテレビに映った「風の電話」を見て、「お父さんと話がしたい」と言い、佐々木様のお庭にお邪魔させて頂き、母は「風の電話」で父とおもいっきり話をしたようです。佐々木様のお庭の空気や、佐々木様ご夫妻の温かさに触れ、母も私も父は身近なところにいるのだと思えるようになりました。心から感謝しております。

私は秋田県の中学校で教員をしており、3年生の担任をしています。まもなく義務教育を終え、各々の進路へ向かう生徒たちに、佐々木様から頂いた「無償の優しさ」をもつことがどれだけ人の心を救うかを伝えたいと思い、先日、大変勝手ながら佐々木様の取り組みを、道徳の授業で取り上げました。いもとようこさんの絵本「かぜのでんわ」を読み、これは実話なのだと知ると、子どもたちは食い入るように佐々木様の取り組みを写真で見、このような取り組みをされている方がいることに、多くを学んだようでした。被災地ではない秋田の子どもたちにとって、私が紹介した大槌町の写真や震災当時の記録は衝撃的なもので、忘れてはならない出来事だと再認識したと同時に、佐々木様のように、一方的ではなく輪を広げていこうと活動されている方がいるということに、人との関わり方を考えさせられました。

授業後、子どもたちが佐々木様に充ててメッセージを書きました。つたないもの、もしかすると失礼にあたることが含まれているかもしれませんが「風の電話」の存在に感激した生徒が多数おりました。もしよろしければ、目を通してあげてください。

突然の手紙とお願い、失礼をして申し訳ありません。もし叶うなら、また佐々木様ご夫妻におめにかかりたいとおもいます。少しずつ季節は本格的な冬へと向かいます。どうぞお体を大切にお過ごしくださいませ。

相沢　晶子

この手紙とともに、学級通信「GOLD COLLECTOR」が同封されていた。要旨は次のようなものだった。


「会いたいけれど会えない人へ……」

道徳の時間「かぜのでんわ」の絵本を読み聞かせました。森に住む動物たちが、想いを伝える間もなく離ればなれになってしまった仲間に電話線の繋がっていない電話の受話器にむかって自分の気持ちを吐露する……という物語です。悲しみと向き合い、前を向こうとする様々な想いを抱えた動物たちが描かれています。

この物語は実話に基づくものです。それを知って、「えっ⁉」と驚きの表情を見せた人がたくさんいました。絵本の題材は東日本大震災で大きな被害を受けた岩手県大槌町に住むガーデンデザイナーの佐々木格さんの取り組みです。

東日本大震災で家族や友人など大切な人を失った方々に心の拠り所を提供したいと、庭の一角に電話ボックスを設置し、線の繋がっていない黒電話を置いたのだそうです。

突然津波で家族をさらわれ、伝えられなかった想いを電話に向かって話す人。受話器を持ったまま言葉を発せず、ひたすら涙を流す人。電話ボックスの中では、逢いたいのに会えない人に、静かに向き合う人の姿が震災から4年たった今も後を絶たないのだそうです。この取り組みをテレビで知り、自分の目で確かめたくて、私は今年5月、被災地・大槌町の「風の電話」に行ってきました。

電話ボックスに入ってみるとそこには佐々木さんのメッセージがあり、多くの人の「会いたい」の気持ちに触れたとたん、自然に涙が出てきました。震災ではないけれど、この場所なら亡くなった父にも、言えなかった言葉が届きそうな気がしたからです。「電話線はつながっていないのに、絶えずこの場所に人がやってくるのはなぜだろうか……?」。生徒の皆さんにそんな疑問を投げかけたところ、電話線はつながっていなくてもこの取り組みには大きな意味があり、「行ってみたい」と口にする人もいました。佐々木さんは「被災地の人の心の支えになりたい、自分にできることは居場所を作ることだ」とお話をしてくれました。被災地の復興がまだまだ進まない状況で、被災地から離れている私たちには何ができるのでしょうか。

授業の最後には、佐々木さんにお手紙を書きました。佐々木さんはどんな思いで皆さんの手紙を読まれるのでしょう……？

以上の学級通信の他に、生徒21名クラス全員の感想文が添えられていた。２、３紹介する。

Ａ君

「風の電話」の内容を聞いて、東日本大震災があって亡くなった人々に心の中で電話をするということが分かりました。僕は亡くなった人々へ電話なんて絶対できないと思っていましたが、声は聞けなくても心の中で会話をすれば、その声は亡くなった人々でも届くということが分かりました。

Ｂさん

たとえ電話線がつながっていなくても、少しでも自分の気持ちを素直に表現できる場があるということはとても素晴らしいことだと思います。また、この電話ボックスを通して、気持ちが軽くなり、スッキリした経験がある人は数多くいると思います。たくさんの人の支えになるこの電話ボックスは本当にたくさんの人の励みになると思います。

C君

佐々木様の取り組んでいる活動を本日初めて知りました。もう会えなくなってしまった人に伝えたいこと、話したい思い、私も先日祖父を亡くして理解しました。佐々木様のように悲しんでいる人を助ける活動を行動に起こすことがとても大切だと教わりました。僕も悲しんでいる人を助けたいと思っているけれど、なかなか行動することができませんでした。しかし、佐々木様の活動を今日知って、自分も頑張りたいと思いました。

「亡くなった人へ電話なんか絶対にできない。まして電話線が繋がっていないのに電話するのは意味のないことだ」と多くの生徒たちは最初そのように思ったはずだ。しかし、大震災から6年たった今日、2万人以上の方が「風の電話」を訪れ、電話線のつながっていない電話で何をしようとしているのだろうか。

皆さん電話をかけているのです。

亡くなった方や行方不明になっている、会えなくなった方々へ。大震災では、誰も望んで死んだ人はいないだろう。もっともっとなんとかして生きたかったはずだ。だから最期のさいごまで生きる努力をしたのだろう。しかし、叶わないと知ったとき家族の無事を祈って逝ったと思う。また、残された家族も最期に一言、言葉をかけてやりたかったはずだ。しかし、その願いも叶わず一人旅立たせてしまった。それらのお互いの想いを線のつながっていない電話を通して、風に乗せて伝えあっている。そのことが大切な人を亡くし、命を思う心の深さに気付かせているのだと思う。また、黒電話に込められた想いを知ることで、それを使う人たちの気持ちに気付かせる。そして「命の重さ」「命の尊さ」を知ることが出来る。それら全体感が、想いを届ける話ができるということなのだと思う。

つまり、電話線がつながっているか否かで使える物、使えない物という判断では、本質というか、隠されて表に現れていない、何か大切なものが見逃されてしまう。ものごとはその部分だけ切り取って見たり、考えるのではなく、ものごとの背景までも考えるとその意味のないことに大きな意味が見えてくる。そして心のインフラとしての「風の電話」も「無用の用」という言葉があるように生きたものになってくる。

電話ボックスの黒電話の横には一編の詩が置いてあり、一節を紹介する。

風の電話は心で話します
静かに目を閉じ耳を澄ましてください
風の音が又は波の音が或いは小鳥のさえずりが聞こえたなら
あなたの想いを伝えてください

そして、電話を利用した人たちの「返事はないけどつながっている気がする」「電話の向こう側に感じることができる」等々の利用した人の声を知ることにより、深く考えるようになる。そして、自分に立場を置き換え考え、身近の誰か亡くなった人への想いに至るようになる。その結果、自分も線のつながっていない黒電話で話してみたいという気持ちの変化が起きるようだ。

先生と生徒たちの手紙に対し、私も返事を書いた。

前略

皆様の素直な感動に、素晴らしい教育を受けている生徒たちだと感じました。

「風の電話」の話を道徳の授業で取り上げてくださったようですが、生徒たちに非常に大切なことを伝えていただいたと思っています。

既にご存知のように、私たち夫婦は東日本大震災の後、大切な方を亡くされた人たちの心のケアの一助になればと「風の電話」という電話線のつながっていない電話で、想いを風に乗せて伝えるというグリーフケア活動をしています。

阪神淡路を含む数多くの震災、および自然災害で多数の命が失われているのに、なぜ今このようなものができたのか…?とよく聞かれます。皆さんもそのように思われたことでしょう。東日本大震災では、誰が亡くなってもおかしくない状況でした。地震とともにすべてのライフラインがストップしてしまい、家族であっても連絡の取りようがありませんでした。何処で誰がどうなっているのか、まさに「神のみぞ知る」といった状態でした。

幸いに生き残った者は、被災者のみならず、すべての人がその意味を考えなければなりません。「なぜ自分は助かって、大切な家族、親戚、友人、知人は亡くならなければならなかったのか」「何のために生きるのか」ということを。

私も考えました。自分の好きなことだけやっていて良いのだろうか。中学卒業以来、一家の大黒柱としてがむしゃらに働いて、あとは自分の好きなことだけやるのだと54歳で早期退職して山に入植し、ガーデニング三昧の生活に「自分は自分の力で生きてきた」という強い自負がありました。

しかし、今回の震災の惨状を見て思い知らされました。自分の力で生きてきたのではなく、何か目には見えないが大きな力で生かされてきたのだと考えるようになりました。

そして残り少ない命を「誰か他人のために役に立つ」という人道的な生き方をしなければと思うようになりました。今までやってきたことが無駄にならないように、むしろ自然豊かな環境を生かした〝何か〟と考えました。そうした中で「風の電話」は立ち上がりました。

「風の電話」はどこにも電話線はつながっていません。線がつながっていないので、亡くなった方とはもうつながれないとなると、そこに残るのは絶望感だけです。残された遺族には生きる力、生きる希望が必要なのです。

「繋がっていないけれどつながれる」「何も聞こえないけれど伝わっているような気がする」「何も見えないけれど電話の向こう側に感じることができる」。これが「風の電話」の持つ力なのです。

このような「風の電話」は心のインフラだと思っています。大切な方を亡くされた遺族の悲しみを和らげる、カウンセラーの傾聴活動はありますが、「風の電話」は、自分の心との対話を通じて、気持ちを徐々に整理し、絶望から自分の力で「生きる」という意識の向け換えができるようにグリーフワーク克服のキッカケになればと思っています。

生徒たちには、目に見えるもの耳に聞こえるものだけでなく、見えないもの聞こえないものにも価値を認め、感性を育み、想像力を働かせ、物事をいろいろな角度から考える。何が本当に大事なことなのか、物事の本質とは何なのか考えられる人になってほしいと願っています。大震災当時中学3年生だった子どもたちが成人式を迎え「誰か他人のために役立ちたい」と話しているのを聞き、私の頃には思いもよらなかったことなのに大震災を経験した子どもたちは「人は一人では生きられない、世の中のすべてのものは何らかの関わりを持たせられており、お互い助け合わなければ生きていけない」ことを体験として学んだと感じました。

これまでのオレ、モノ、カネ。能率、効率中心の社会から大きく変わり、豊かさ、持続可能な社会、ほんとうの幸いとは等々人々の求める価値観は大きく変わりつつあると感じています。大きな転換期に差し掛かっている気がいたします。

今年卒業される子どもたちに他人に対して思いをかけ、思いをはせることの大切さを伝えてください。

末筆になりましたが、相沢先生のご健康とご活躍を又、今年３月に巣立つ生徒たちの益々の感性の育みを祈念しております。

２０１６年１月21日

相沢先生と子供たちへ

ベルガーディア鯨山　佐々木　格

その後、２０１６年２月18日に再び相沢先生よりお手紙をいただいた。文面の要旨は以下の通りである。

頂いた手紙をクラスの子供たちにそのままコピーして渡し、道徳の授業で読ませました。子供たちは自分たちの言葉を読んで頂けたこと、それに対してお手紙を返して頂けたことに感激しており、卒業前に自分の生き方や生きるということそのものに向き合う機会を頂き本当に感謝しております。

昨年3月に初めて担任した生徒が19歳の若さで自ら命を絶つという苦しい思いをしてきました。教え子の死は、教師という職に就いている私にも何かできるのではないか、やらなければならないのではないか考えさせるものでした。私自身にもまだわからないのですが、「生きる」ということ、なぜ生きていかなければならないのかということを、子供たちに考えさせていれば、もしかしたら命を絶つことはなかったのではないか…と悔やんでいます。今回、卒業が近づき、今までは大人が守ってくれていた自分を、守られていない場所へ向けなくてはならない3年生に、私の教え子だった生徒のお母さんの手紙と、佐々木さんから頂いた手紙を両方読んでもらい、自身の「生」と向き合わせようと考えました。自ら命を絶つことがないように、精一杯生きていくようにとの思いでの授業でしたが、まだまだ技量不足で、どこまで伝えられたかわかりません。それでも、佐々木さんの直筆の力強いお手紙は、子供たちに強く響いたようで、「先生、おれは生きますよ」と、私に話してくれた生徒がおりました。大切なことを教えてくださり、本当にありがとうございました。命を大切にする気持ちを育て、生きることから逃げない心を育てることもまた、教師の仕事かと思えるようになりました。佐々木さんとの出会いがあり、子供たちと交流していただけたことに感謝の気持ちでいっぱいです。本当にありがとうございました。

相沢　晶子

お手紙と一緒に子供たちのメッセージと学級通信も同封されていたので紹介したい。

GOLD COLLECTOR

「生きる」ということ

今日、道徳の授業で「生きる」ということについて考えました。「道徳」といいながらも、卒業が近いみなさんに担任がどうしても伝えたかったことを取り上げさせてもらいました。

昨年3月、私は偶然見た地元の新聞の死亡広告欄で、初めて担任した生徒と同姓同名のK君の名前を見つけました。「そんなわけはない」と思いながらも年齢や住所、保護者の方の名前が一致していることに心臓がドキドキし、「まさか」と疑いながらすぐにK君の家に伺いました。悔しいことに死亡広告にあったことは事実で、私はK君の遺影を前に泣き崩れました。嫌な予感は的中するもので、ご家族から大学進学後、なかなか環境に慣れずに苦しみ、自ら命を絶ったのだと伺いました。中学1年生の時のことを思い出しても、K君と死は結び付かず、今もK君のお母さんから送られてくる手紙を読むたびに涙が止まりません。今回、K君のお母さんから頂いたお手紙を読みました。そこには計り知れないほどの悲しみと後悔、それでも生きなければならないと自分に言い聞かせる気持ちが綴られています。そして手紙の最後には「Kは精一杯生きたんだ！」という、お母さんなりにK君の生と死を受け止めようとする一言がありました。みなさんにこの手紙はどう映ったでしょうか。

さらに、今回はもう一通の手紙を紹介しました。以前の道徳で取り上げ、手紙を書いた「風の電話」の佐々木格さんから3Bのみなさんにお返事が届いたからです。佐々木さんのお手紙には「生き抜く」という思いがあふれていました。震災で多くの命が突然奪われ、生きたくても生きられなかった方が大勢いること。たった一瞬で大切な人と二度と会えなくなり、今も辛い思いを抱えている方がいること。そういった事実があるから、「生かされている自分」に気付かされ、心の拠り所を生み出す活動を続けることに自分の「生」を見出しているのだと教えてくれました。佐々木さんの手紙の中に「真実は見る人の数だけある。しかし、事実は一つ」という言葉がありました。

人によって「生きる」ということのとらえかたは異なるのかもしれません。でも、どんな苦境に立たされても、自分が「生きている」ことは紛れもない現実であり、その現実を曲げてはならないのだと思います。「生」は尊く、「生かされている」こと、「生きなければならない」ことを佐々木さんは卒業が迫り、社会への一歩を踏み出すみなさんに伝えてくださいました。

今回、道徳の授業でK君についての手紙や事実を皆さんに伝えていいか、とても悩みました。そんな時佐々木さんからお手紙を頂き、「生きる」ことと真剣に向き合って卒業していってほしいという思いが強くなりました。私の中にもしK君を担任した時に、「何が何でも生きなくてはだめだ！」と少しでも伝えられていればKくんは死を選ばなかったかもしれない……という強い後悔があるからです。さらに、K君のお母さんが自分のような思いをする人や、K君のように自ら命を絶つ人がいなくなればいいと心から願っていることを知り、みなさんに伝えることにしました。

授業が終わってすぐの休み時間、M君が係の仕事をするために私のところにやってきました。その時、M君が発してくれた言葉。「先生、おれは絶対、生きます」。私が今回の授業で一番聞きたかった言葉でした。そして、同時に、K君のお母さんと佐々木さんが伝えたいと考えていることと。これから先、苦しいことや悲しいことがあるかもしれません。けれど、どんなに辛くても絶対に自分の命を絶ってはいけません。あなたが生きることには意味があり、あなたが生きていることに感謝している人が必ずいます。どうか、何が何でも生き抜いてください。

まったく、みごとに「風の電話」から子供たちに「生きる」とはどのようなことなのか、「なぜ生きなければならないのか」ということを、ご自分の辛い体験を紹介しながら、子供たちに考えさせ、絶対に「生きる」、「生き抜いて見せる」ことを伝える授業こそ、「生きる力」を育成する本来あるべき姿だと感じた。

子供たちの前向きな意欲を育てるためには、感動や感激することが大切であり、何よりも教師の感動する心が豊かでなければならない。教師の教育力によるところが大きいのである。基礎・基本を理解させる力がなければその先を教えることはできない。

最初の手紙から3か月がたち、卒業を間近に控えた生徒たちの手紙には、人が生きていくための基本的なテーマである「生き死」について学んだ、とある。この時期の子供たちの精神的な成長ぶりには目をみはるものがある。結果が文章から明確にかつ、力強く感じ取れ、教科書のお仕着せの授業でなくとも、現実を直視することから生きた道徳の授業ができていると考えている。

3月12日には卒業する子どもたちへ、お祝いと激励の電報を贈った。いつの日かこのお付き合いを思い出し、「絶対生きる」という生きていく力になれば良いと思っている。

卒業を前に子供たちがくれた手紙の一部を紹介しよう。

D君

お手紙ありがとうございました。お手紙を見て「生きる」ということはどんなことかとかんがえました。お手紙から「生きる」ことと「生きている」ことは全く違うのだなあと感じました。そして、佐々木さんのように自分のためだけでなく、他人の為にも「生きる」ことを頑張れる人になりたいと思いました。

ここからは私の考えなのですが、「生きる」ということは誰かとつながる、誰かを助ける（いろんなカタチで）ことなんだと思います。こう考えられたのは佐々木さんのお手紙のおかげです。「生きる」ことについて考える機会をつくってくださったことを本当にありがたく思っています。〝人は一人では生きられない〟という言葉がとても心に残っています。自分が「生きる」ことが出来ている環境に感謝してこれからも「生きて」いきたいです。

Ｅ君

元気にしていらっしゃいますか。僕たち３Ｂは活発な相沢先生の教育のおかげで毎日楽しくすごしています。先日手紙を送っていただきありがとうございました。

佐々木さんの言葉に「真実は見る人の数だけある。しかし、事実は一つ」という言葉がありました。私は、生きることは自分を大切に、自分の「個」を大切にしてはじめて生きていることだということを感じました。必死に生きたいと思います。

Ｆ君

佐々木さんには改めて命の大切さ、最後まで生きる大変さを学びました。僕は今まで周りの人に支えられていると感じたことはあまりありませんでした。でも、もし秋田で地震があって知人、友人が亡くなったと考えるとメンタルの面でも自分ひとりで生きることができるのかと思ってしまいました。佐々木さんのおかげで周囲の人への感謝、見えない支えについて知ることができたとおもいます。本当にありがとうございました。

この様に子供たちがそれぞれの立場で「生きる」ということと真摯に向き合い、これからの自分の指針を見つける機会になったことを素直に喜んでいる。

4、「風の電話」から「森の図書館」へ

ベルガーディア鯨山の活動の中でもう一つの中核になっている「森の図書館」という子供たちの「感性を育む場」がある。「風の電話」の取材に来たメディアから全国の皆さんに呼びかけて頂いて贈られた本を基に、図書館を運営している。大槌の子供たちは震災で、絶対安全、安心であるべきはずの学校や家が流されてしまった。子供たちにとっては価値観が180度変わってしまうような出来事を経験した。しかし、そのことは、何が大事で何が大切なことなのかを考える契機になったのではないかと思っている。学校も図書館も本屋さんも流され、本を読む場所が無くなってしまった。小中合わせて4校が被害を受け、合同で仮設の校舎で授業を受けている。そ

森の図書館

の登下校する際、目に入る風景はガレキの山ばかりだった。そして、そのガレキが撤去された後は、荒野と化した風景だけが残った。今は、土地区画整備事業で盛り土をしているが、荒野をカウボーイならぬダンプカーが騒々しく行き来する光景だけを毎日目にしているのだ。

子供たちの人格が形成される幼児期以降は、育つ環境が非常に大切であると言われている「孟母三遷《もうぼさんせん》」の教えもあるが、岩手には「賢治の母の教え」というものがある。賢治のお母さんは、賢治が寝る前に毎日云い聞かせたという言葉がある。「人というのは人の為に何かをしてあげるために生まれてきたのです」という素晴らしい言葉だ。ドイツの19世紀前半の哲学者ショーペンハウアーはこう言っている。「人間の性格というのは先天的なもので、父親から受け継ぐところが大きい。性質というのは後天的なもので、母親から受け継がれるところが大きい」。幼少のころより母親から教えを受ける環境の中で育った賢治や妹のトシであったが、そうした環境が後の賢治の生き方にとって、非常に重要なことを含んでいるのではないだろうか。子供時代に育つ環境が将来に大きな影響を及ぼすことから、被災地の何もない殺伐とした環境が、子供たちの将来に問題を残すことにならないかと感じた。そして、ベルガーディア鯨山の自然豊かな環境を、子供たちが本を読む場所にしなければと考えたのだった。

建物があって本があればそれは図書館といえるわけだが、問題はそこで何をするかということが大事なのだと考えている。

2013年に大阪で開催された「第1回マイクロ・ライブラリー・サミット」に招待された。これは町中を図書館にしようと提唱する、礒井純充氏が大阪府立大学を中心に活動している運動だが、全国の個人の思いで立ち上げられた小さな図書館の主催者が集合する場で、それぞれの夢や体験を共有し、何を目指しているかを報告しあった。参加者の多くは、町おこしやコミュニティーづくりの活動が中心であった。「森の図書館」の場合、被災地の中にあり「風の電話」に来る人、「森の図書館」やガーデンに来る人達のコミュニケーションを図る場と既になっていた。また各種ワークショップの場となり、時には絵画や写真のギャラリーになり、コンサートの「場」にもなっていた。特に「震災で親を亡くした子供の里親の会」は、子供と里親が集まりピ

図書館ギャラリーで作品展

ザづくり、食べ比べ等で打ち解けあうことが出来た大きな成果だった。また、ギャラリーとしてアール・ブリュット作品展を開き、被災地の人達に、力強い色彩と形で元気を贈ってきた。「アール・ブリュット」は、専門的な美術教育を受けていない、評価や発表を想定していないからこその純粋な表現なのである。直接作者の感情が訴えかけてくる。同時に障がい者の自立支援につながればという思いで活動してきた。これら、諸々の活動のために石造りの図書館やガーデンそして森がとても良い舞台装置になっていたと思っている。そのような活動がこれからの図書館の目指す方向ではないかと捉えられたのだろう。「森の図書館」は、ただ単に本を読む、情報を受け取るだけでなく、本を見て遊ぶことが大事だと考えている。だから、他にない図書館にしようと思ったのである。秘密

幼稚園の子供たち

基地のような屋根裏部屋を造り、そこでじっくり読書にふけり空想を広げることは勿論、本を外に持ち出し芝生に寝転んで虫と一緒に読むことも、「キッキの森」の木陰のベンチで読むことも、ツリーハウスに籠《こも》って風の動きを立木を通して感じながら読むことも、ハンモックが揺れ木の葉の重なりあいから青空を眺め読むこともできる。要するに本の中の世界が一歩外に出ると、そこに広がっているということが大事なことだと考えている。そうすることで、誰か大人とか先生に教わるのでなく、自らが本の中と外の世界を見比べ、行き来しながら学びとるという姿勢を持つことが出来る。外に出て外の空気や土の匂い、風の音や小鳥の声、木の葉が作る木陰、そこに住む虫たちの動き等々、自然の全てを感じて欲しいのだ。ガーデンや森には虫や小鳥や小動物もいる。彼等には人間の言葉は通じない、だから私たちが相手を思いやらなければそれらの生きものの気持ちを理解することは出来ないのだ。

幼稚園や小学校低学年で草花や野菜を育て、小動物を飼ったことがあると思うが、以前からやっているからとか、教育のポーズでしているのではない。人の言葉を話さないそれら動植物を育てることによって、相手を思いやる心を育む為にあると思っている。その思いやる心がなければ動物を飼っていても、植物や野菜を育てていてもそれらはすぐに死んでしまうだろう。

今の学校教育は試験で高い点数を取って、いい学校に入るのが目標になっていると思うのだが、それでは生きる力が育たない。ベルガーディア鯨山に来る若者の中にも、学歴は高いのに農作物の基本的な作り方が分からない人もいる。また、今回の震災のような未知の出来事が起こるかもしれない。ライフラインがストップした時に火おこしの方法が分からないと言っていたのでは命を落としてしまう。生きるための知恵は誰も教えてくれない。生活体験を通して学ぶ機会が少なくなり、子供たちの生活力をどう高めていくかが問われている。自らの体験で身につけないことには自分ですら守れないことになる。今回の震災は生きていく上で基本的に何が大事なことなのかに気付く契機ともいえるだろう。

物事の本質を理解するために必要なのは感性である。今の世の中は目に見えるもの、耳に聞こえるものだけで物事を簡単に判断しているように思う。ものごとを良く考えないで結論を早く出す傾向にあると思う。政治だって例外ではない。ろくに議論をしないで結論をさっさと出してしまい法案を通す。そうではなく物事を目に見えるもの、耳に聞こえるものだけでなく、目に見えないもの、耳に聞こえないものにもその価値を認め、感性豊かに想像力を働かせ、多方面から物事を考え結論を出すということが非常に大事ではないかと思っている。

子供たちには、この多方面から物事を考えられる力を身に着けて欲しいと願っている。そうして初めて何が大事で、何が大切なことなのか物事の本質が見えるようになってくる。そういう人に育って欲しいと願っている。そして、何十年か後に「ベルガーディア鯨山」で過ごした日々を思い出し、あそこで過ごしたことが僅かでも自分に影響しているのかなと思い出してくれたらいい。物事の本質を見極められる人の中から10年、20年後に日本の社会を背負い、リードしていく人材がこの被災地あるいは、ボランティアとして被災地で活躍した人、また実際被災地を見て何かを感じた人の中から出てきて欲しいと夢見ている昨今である。

第5章　「風の電話」と宮沢賢治

1、「風の電話」で初講演

２０１2年8月、大震災から1年半が過ぎたある日、三重県立図書館の企画総務課の平野さんが訪ねてきて、「これからの図書館のあり方に変革を求められている」と話し、いろいろと意見を交換した後に、震災後の東北の復興を応援するため「東北を知ろう、東北へ行こう」復興支援キャンペーンをしていると話す。ついては、三重県に来て被災地の状況について講演をして欲しいとのことだった。

何を話せばいいのかも分からないうちに、妻が「良いですよ」と返事をしていた。

いつ頃からか、小学生の低学年の頃からだったと思うが吃音があり、学校で本を読むとか、話をすることが苦手であった。学校が楽しいと思ったことなど一度もなく、暗い青春時代を送っていた。そして自分は他人よりも人間としての成長が10年は遅れているなと常に感じていた。半面、10歳若いのだと受け止めていた記憶もある。

苦手意識は大人になっても変わらず、人前で話しをするとなれば、顔はかぁーっと赤くなり、心臓はドキドキと高鳴り、声まで上ずってしまう状態で、だいぶ悩み、苦しんだ時期もあった。しかし、好きな絵を描いていればそのことに没頭できたし、絵が評価されれば嬉しく、絵を描くことを通じて人や社会と接触し、そして、苦手意識を振り払ってきたように思える。

１９８２年（昭和63年）に新日鉄釜石製鉄所の№１溶鉱炉が休止し、従業員のほとんどは九州の大分製鉄所や千葉県の君津製鉄所へ転勤になった。家庭の事情があり、どうしても転勤できない人たちに対しては、会社としても社会的責任があり、彼等の仕事の斡旋の為に多くの新規事業を立ち上げた。

私も高炉が休止する前年に、新日鉄１００パーセント出資の（株）日鉄ライフに出向した。隣町の大槌町で鮭を扱う水産食品会社を立ち上げるということだった。「お前が行ってやれ」と言われ、準備作業を含めＲ＆Ｄで1年間食品に関する勉強をした。東京にあった「魚力」に魚を扱う仕事の実習に行った。朝４時に起き加工センターに通い、それぞれのスーパーに納める商品を9時までに仕上げる仕事で、特に、工場長の小林さんにはお世話になった。同じテーブルに並びアサバカレイをさばいてトレーに盛り付ける作業を競争し、１か月後には彼について行けるようになったことを今も懐かしく思い出される。

この様に包丁の扱い方、魚のさばき方は「魚力」さんから教わった。また一方では、新日鉄の看板を背負って水産食品業界に参入することになったのだが、外部の経験者を雇い入れるでもなく、現地大槌を中心に人を採用し、事業を展開させていくためには同業他社の衛生レベルとは関係なく、食の安全を追求した衛生管理を徹底させる必要があった。

この衛生管理面の管理実習を、埼玉に本社を置き各地にスーパーを展開する「マルエツ」にお願いすることになり、そこでも1か月間パートさんに混じり衛生管理の実習を楽しく行うことが出来た。こうして私の60日余りの〝修行〟は終わった。

やがて大槌の工場も完成、社員、パートの採用から始めて彼らを6班に分け、牛刀の使い方、鮭の下処理、我々の会社の衛生管理等の重要性等々基本の技術、知識の習得に時間をかけた。経験者は一人もいないところからのスタートであり、無謀とも思える事業だった。従って、初年度の決算は、使用原魚のアトランティックサーモンの一括購入費も含むが2億円ほどの赤字だった。水産部門も親会社の不動産、保険部門との連結決算だったため可能だったことだが、スモークサーモン用原料購入費がそれから3年足を引っ張ることになった。それにしても良き時代であった。親会社もよく我慢してくれたものである。製造ラインと従業員の衛生管理を徹底した商品づくりは、時代の流れから消費者に支持され生産量が次第に伸びていった。

新規事業の立ち上げに関わってからは、立ち上げた翌年から工場長として社員、パートを含め140人の先頭に立って生産・管理・工場運営をしていかなければならなかった。すべてに率先してやらなければならず、人前で話をするのが苦手だとか、恥ずかしいなどと言っている暇はなかった。

仕事も人間関係も順調だったのは、この時の支店長だった上司に恵まれたことが大きく影響している。「責任は俺がとるから好きなようにやって良い」と言われ、私は「分かった、釜道さんは他所へ行って法螺を吹いて歩け、それを俺が実現させ法螺でなくしていくから」と言い、楽しく仕事ができた。支店長の釜道さんとは２年ほどのお付き合いだったが、彼ほどおおらかであり、繊細な人物を他に知らない。

利益が出てくるとやはり従業員の待遇改善を考えてやらねばならなかった。水産部門だけが本社と異なる低い給与体系のままで、そこの努力で出た利益も全て本社に組み込まれる連結決算だったが、納得いかなかった。工場従業員を率いて生産性を向上させ利益に貢献する立場として、現地採用の社員、パートたちに対し給料を倍貰えるように頑張れと叱咤激励し、生産活動を指揮してきた。私はとりあえず工場利益の６％程を還元して欲しいと当時の食品事業部長（２代目）に進言した。しかし、彼には理事になり本社にもどることしか頭になく、とにかく自分のマイナスにつながる事は一切否定するような人物だった。例えば、工場の排水による環境問題一つとっても「僕は後ろに手が回るようなことは嫌だから」と言い、「それなら生産活動を停止しなさい」と言ってもそれも出来ない。災害が発生した場合もしかり、責任が及ぶような事が何か起きると「僕はいなかったことにするから君たちで対処してくれ」と言って親会社（新日鉄）に出かけて行くような男だった。そのうちお互い信頼がもてなくなってしまった。そのような上司の下で働くには辛いものがあり、私自身のやる気が急速にしぼんでいくのをどうすることも出来なかった。

やがて限界の時が来る。事業立ち上げから一緒に活動してきた東京営業所の責任者が会社を去ることになり、そして、1年後に私自身が辞めることになる。新日鉄時代私の部下だった者を、2人加工センターに出向させていたし、後に何も問題はなかった。私も51歳になっていた。新日鉄からの出向扱いだったが、辞めたからと言っても戻るところはない。よく考えてみれば中学卒業してから、もう十分な時間働いてきたのだと回顧し、早期退職することにした。

それにしても、人が人を使うとはどういうことなのか？

工場の責任者である私と、営業の責任者とは意見がよく衝突した。営業サイドと工場ではそれぞれの立場、事情があり当たり前のことなのだが、やはり、営業あっての生産する立場なのだという思いと、その営業責任者を心から信頼しているからこそ出来ることなのだが、意見が対立した時には「納得がいかないけれど貴方がそこまで言うならやってやる」ということはよく言っていた。しかし、そこが大事なことだと考える。己の出世だけしか頭にない人間に人がついて行けるかと、私には我慢のならないことだった。

勤めていた11年間、朝のミーティングに始まり会議、商談と仕事の大半が、苦手だった人と対話をするということになっていた。しかし、退職後釜石から大槌に移り住み、それから12年間山の中に暮らし、話し相手は石や土、植物、飼っている犬や鶏、山からたまに出てくる小動物等を

東北を知ろう、東北へ行こう！2●トークライブ

風の電話、森の図書館

3月11日、大槌町吉里吉里の丘で、
津波に襲われる町をじっと見ているしかなかった庭師が始めた活動。
「私ができることは、人のこころをいやすお手伝いです。」
佐々木 格（ささき いたる）

2012 **9.9** 日 14:00-15:30　入場無料 申込先着 70名様
三重県立図書館２階　文学コーナー

三重県立図書館

東北を知ろう、東北へ行こう！2●トークライブ

風の電話、森の図書館

三重県立図書館では、昨年に引き続き、県内の市町立図書館等と連携して、東北地方の歴史や文化の紹介、観光パンフレットの提供などを行う東北支援キャンペーンを開催しています。

このたび、このキャンペーンの一環として、岩手県大槌町吉里吉里在住のガーデンデザイナー、佐々木格さんをお招きし、トークライブを開催します。

佐々木さんは、東日本大震災のあと、自宅の庭「ベルガーディア鯨山」に、会えなくなってしまった人に思いを伝えるための電話ボックス「風の電話」や、地域の子どもたちが自然の中でゆっくりと本を読むことができる「森の図書館」をつくりました。これらは、震災によって傷ついた人々の心をいやす場になっています。

震災から500日が過ぎ、さまざまな復興活動が行われる中で、「こころの復興支援」を自らのライフワークとして取り組みを続ける佐々木さんのお話を通じて、より多くの方々に被災地の現在について、関心を寄せていただく機会になればと思います。

プログラム

1　「風の電話、森の図書館」佐々木 格 氏
2　フリートーク

佐々木 格　ささき いたる

1945年、岩手県釜石市生まれ。ガーデンデザイナー。製鉄会社に長く勤め、出向先で大槌町への食品加工工場誘致にも携わる。1989年に会社を退職後、大槌町吉里吉里に移住。もともと得意だった庭造りの技術をいかし、ガーデン「ベルガーディア鯨山」をオープンする。以降、1200坪の庭に、工房やコテージ、ロックガーデンなどを整備する。2011年、東日本大震災をうけて「風の電話」を、2012年には「森の図書館」をガーデン内に設け、被災した人々のこころのケアや子どもの感性の育みを中心に活動中。

申込制（先着70名様）

トークライブに入場をご希望の方は、下記の方法でお申し込みください。先着70名様をご招待します。
お申し込みの際には、入場を希望される方の**お名前、電話番号**をお知らせください。
なお、お申し込みが定員になり次第、締め切らせていただきます。

お申込先（件名）：三重県立図書館「トークライブ」係
インターネット　ホームページのトークライブ申込フォーム
電　話　059-233-1181
ＦＡＸ　059-233-1191
Eメール　mie-lib@library.pref.mie.jp
窓　口　三重県立図書館カウンター

携帯電話からもお申し込みいただけます

同時開催
「東北を知ろう、東北へ行こう！2」展
場所：三重県立図書館　1階展覧室
期間：9月17日（月）まで

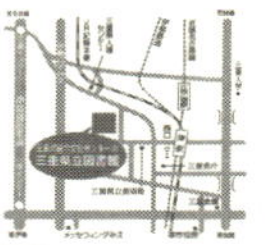

交通のご案内

講演会チラシ

相手にしていた私に、講演などできるはずはないと思っていた。

妻の「良いですよ」の返事に「ちょ、ちょっと」と思ったが「それではよろしくお願いします」と言われては、引っ込みがつかなくなってしまった。

9月9日三重県立図書館での当日は、70名の予定に対して１００名からの参加があった。「風の電話」「森の図書館」のテーマで、大震災に遭遇し、どのような経緯で立ち上げ、これから何をやろうとしているのかを話した。また、これからの図書館の目指す方向性について等、自分が立ち上げた図書館のコンセプト、そこで行われているワークショップ、ギャラリー、コンサートなどコミュニティの場としての図書館の活用を話し、90分間の時間を何とか無事に終

えることができた。話すことには大分ブランクはあり、始めこそどきどきしたが、現実にやってきていることなので、事実をありのまま伝えることでなんとか出来たと思う。

それから4年間に大学、宗教界、福祉、民児協、医師・臨床心理士等を対象に10数回の講演会を経験し現在に至っている。最近は考えることも多く、思っていることの半分ぐらいお話し出来れば良い方で、後であれもこれも話せば良かったと、しきりに反省ばかりしている。

一方で、場数を踏めば上手に話せるというものでもない。立て板に水のように話しても、話すのが上手だけれども後に何も残らないのでは、何のために話すかの疑問が残る。いかに聞く人の心に響く話し方ができるかが大事だと思っている。

ある時、日本放送から徳光和夫さんのラジオ番組の「朝焼けほろり劇場」で、「風の電話」について放送したCDが送られてきた。聞いてみるとその内容は感動を与えるものだった。テレビと違い見ることが出来ないため、耳で聞いて自分の感性を働かせ想像する。聞き手にこの感性を働かせ想像させることが、話しをする場合に大事なことだと思う。

情報量が多くなればなるほど自分の想像力を働かせ物事を理解しようとする力は小さくなる。少ない情報量だからこそ自分の想像力を働かせ理解しようとする。そのことがより以上の感動を生み出すことにつながる。従って、同じテーマについて話しても、新聞、ラジオ、テレビ等で発表された場合、受け取り方が異なる。押し付けの情報量の多少による差だと考える。

人の五感に訴える量を最小限にし、想像力を掻き立てる感性に訴えた話し方が、受け手の感動を大きくすると考える。但し、ニュース或いは話のテーマにもよることは勿論のことである。

しかし、テレビ生活にどっぷりと浸かって感性を磨くことは難しい。自然の中に身を置いてその移り変わり、動きに感情移入させ、調和させて生きることが感性を育むことにつながると考えている。

2、「風の電話」から宮沢賢治へ

２０１５年９月22日に、「風の電話」「森の図書館」の活動が宮沢賢治の精神を実践しているとのことで、宮沢賢治学会の推薦で花巻市より宮沢賢治イーハトーブ奨励賞を受賞した。賢治学会事務局よりお話があった時、何かの間違いではないかとさえ思った。そういう賞があることさえ知らなかったし、まったく意識外のことであった。

そこで、事務局に、震災後に「森の図書館」で開催した「宮沢賢治の童話展」、「チェロと朗読のコンサート」、また、大槌町中央公民館で開催した「イーハトーブ三陸海岸展」、「大槌と賢治の関わりを知る講演会」、「大槌宮沢賢治研究会の発足」等の活動に対するものなのかと問い合わせたが、「そうではない」ということだった。あくまでも「風の電話」による被災者の心のケア、

バラ輝石探索に鉱山跡に行く

「森の図書館」に於ける子供たちの感性の育みに対して宮沢賢治の精神を実践しているというのが受賞の理由であった。

そもそも、私が宮沢賢治と本格的に出会ったのは大震災後の２０１３年だった。それまでは若干の童話と「雨ニモマケズ」の詩を所々覚えている程度だった。

２０１２年4月に「森の図書館」をオープンし、全国の皆さんから多数の本を寄贈して頂いた。その中に東京都の田中修さんから、第13回宮沢賢治賞を受賞された小林敏也さんの画本が18冊あった。その画本を基に手持ちの本と、町中央公民館図書室よりお借りした50冊余りの本を並べ、「森の図書館」で宮沢賢治童話展を開催した。童話展自体何も目新しいことではなく、何か目玉商品になるものが欲しいと思っていたところ、大槌産出の薔薇輝石の話を教えてくれる友人がいた。

早速、花巻の賢治記念館に当時の佐藤勝館長（現花巻教育長）を訪ね、賢治が大正8年2月2日に父政次郎にあてた手紙に大槌産出の薔薇輝石のことが書かれていることを教えられ、手紙の写しを頂いてきた。その時、初めて大槌と賢治の関わりを知ることが出来たのだった。そして、地元浪板鉱山跡にその友人と薔薇輝石探索に出かけ、偶然にも20㎝ほどの薔薇輝石の塊を見つけることが出来、早速家型のテラリウムに入れ会場の一番いい場所に展示した。

その晩、童話展の目玉商品が出来たと2人で祝杯をあげたことは勿論のことだった。

童話展開催の期間中の5月3日には、東京交響楽首席チェロ奏者の田中雅寛さんと宮沢賢治記念館牛崎敏哉副館長を招き、チェロと朗読のコンサートを開催している。この時の朗読する本について主催者である私の方から「虔十公園林《けんじゅうこうえんりん》」[注]を指定していた。当日、牛崎副館長さんはベルガーディア鯨山に来る道を間違い鯨山の電波塔まで行き、戻る際パンクした車で携帯の電波が届くところまで下りＳＯＳを求めてきた。鯨山の中腹まで迎えに行き何とか開会に間に合うことが出来た。チェロの演奏をバックに始まった朗読（牛崎さんは本を見ない）の身振り、手振りの熱

［注］宮沢賢治作 知的障がいを持った虔十さんが荒れ地にスギの苗木７００本植え、その杉林で子供たちが長年にわたり遊ぶ姿が見られることから、後年博士が訪れ本当の知恵とは何か述懐する物語です。この虔十こそ賢治さんが理想としていた「デクノボー」の具現化された姿といわれている。

演には驚いた。今までのアクシデントの影響は微塵も感じさせず「虔十公園林」を演じきったのだった。後日、牛崎副館長はこの時のことを次のように語っている。

「デクノボーを具現化した人物といわれる虔十さんは、賢治の理想の生き方が投影されている。ただ博士によって虔十の林を価値づけられる場面が道徳的に感じられ、これまで朗読することはなかった。ところが英国式庭園の花々が咲き誇るベルガーディア鯨山では違った感情を抱いた。会場からは浪板の海岸が見下ろせ、海沿いには壊滅したままの何もない衝撃的な景観が広がっている。そこでチェロの音色と共に朗読すると、杉苗７００本を植えようとする虔十さんの思いがひしひしと胸に迫ってきて抑えられなくなったのには自分でも驚いた。その後、繰り返し虔十公園林を朗読する機会がある」。（２０１３年12月22日、岩手日報）

この様に他人に何らかの影響を及ぼすのも賢治さんの作品の持つ精神性であり、今後もそうしたことは起きるだろう。そして、その頃海外でも宮沢賢治が話題になっていた。

東日本大震災から１か月後の４月11日、アメリカワシントン州のワシントン大聖堂に於いて世界各国宗教の代表者が参列して、震災の犠牲者の追悼と被災地の復興を祈念したミサが行われた。日本からは仏教、神道の代表者が参列していた。サミエル・ロイド３世は最後に宮沢賢治の「雨ニモマケズ」の詩を英語で朗読している。その後、「雨ニモマケズ」は翻訳され世界中に広まった。また、被災地でも家族を亡くし、家や財産を失った人たちがこの「雨ニモマケズ」に力をもらい懸命に立ち上がった。賢治記念館にも多くの人が訪れるようになった。

しかし、同じ被災地に住む私は一つの疑問を持った。「もしも賢治さんが被災地大槌に立ったなら、はたして皆に「雨ニモマケズ」を説いただろうか？」。こうして童話展の最中に行ったコンサート終了後、牛崎副館長を中心に10数名で懇談会を開いた。結論として、賢治は被災地を訪れはしたものの、皆に「雨ニモマケズ」を説くことはしなかっただろうというものだった。「雨ニモマケズ」はあくまでも賢治が自分に対しての理想を綴ったもので他人に対してそれを説くことはなかったろうというものだった。

被災地の皆さんが「雨ニモマケズ」に力をもらうことは、賢治さんにしてみれば違うんだという想いと、まあ皆さんの力になっているのであればそれも良いかという複雑な想いでいると思う。以来、賢治への興味は膨れ上がり、大槌町と賢治の関わりについて調べるようになった。

3、「宮沢賢治の精神」とは

宮沢賢治学会の推挙により、花巻市よりイーハトーブ奨励賞を受賞し、記念講演もしたのだが、何か気持ちが晴れやかになれなかった。一般的に言う「宮沢賢治の精神」とは、誰か他人の為に役立つ「利他の精神」とか「自己犠牲」或いは、「デクノボウの精神」等を言うようだが、私にはどうも良く理解できていない。そこで、賢治が法華経に目覚めたところにその賢治精神の基になるところがあるのではないかと考え調べてみた。

賢治の弟の宮沢清六さんは次のように話している。

「賢治は父の影響で中学2年の頃まで浄土真宗的な『自分はだめなもの、弱いもの』という教えを受けて育ってきた。そんな賢治がストライキ事件で寄宿舎を追放され願教寺《がんきょうじ》に下宿して、浄土真宗の僧正で法華経の研究をしていた島地大等《しまじだいとう》氏にめぐりあった。そして彼の講話を聞き、彼の著「漢和対照妙法蓮華経」を読み非常に感激して、それ以後賢治は一生法華経を信じるようになったのだった。賢治は法華経に触れる前はそんなに人と変わったところがなく、ごくありふれた中学生だったように思います。ところが法華経に触れてから賢治はがらりと変わりました。以前の小乗的思想の仏教観から法華経の大乗的思想への転換、自分だけが成仏すればいいというような思想から、すべての人が共に成仏しなければならないという思想へ魅了され、憧れていったのです。そして法華経に自分の全てを注ごうと決意したようです」。

一般的にいうと世界とは、地球や人間界のことをいい、仏教的世界とは「世」が過去、現在、未来を表し、「界」が東西南北、上下を表すのだそうだ。つまり、世界という言葉は宇宙空間を表すのだ。人は幸福を求めるがそれは人間界だけでのヒューマニズムからのものでしかないことが少なくない。けれども宇宙というものは、人間だけのものでなく、宇宙を構成するすべての物質の統一によって成立しているものなのだ。そういう宇宙の真理を無視したヒューマニズムを賢治は超越して、法華経の説く四次元的宇宙全体に及ぶ真理を把握し、それら全てに通ずる幸福を探さねばならないと考えたのだ。

大乗の仏典は、ほとんど1世紀前後に編集されたのであるが法華経は、お釈迦様が晩年の8年間に説教された内容であるとされ、今までのお釈迦様の説法の総決算という意味の文章がいたるところにあり、具体的に仏道を求めるあり方が説かれている。

法華経の特色は、それぞれ自分で気づかずに内包している潜在的な力を導き出して発揮させることだ。また、法華経全体を通じて至るところに強調されているのが菩薩行（成仏への道）の実行である。

「他人のために尽くすこと、他人の苦しみを自己の苦しみとし多くの人のために社会を改善する」「この世の不幸せな人がいる限りその人々を救うために行動すべきである」そして「世界の平和のために献身的に努力することである」というのがその基本精神である（佐藤成編著『宮沢賢治―地人への道』１９８４、川嶋印刷）。

賢治が盛岡中学卒業後の１９１４（大正３）年9月、島地大等編著の「漢和対照妙法蓮華経」の中でも寿量品《じゅりょうぼん》第十六を読んで身ぶるいがするほどに感激をおぼえたという。そして法華経に生きることを目標にしたのである。

大槌宮沢賢治研究会発足

この様に、賢治が身震いするほど感激したという寿量品第十六や、法華経の説く四次元的宇宙全体に及ぶ真理を把握しそれらの全てに通ずる幸福を探さねばならない、と考えて初めて「宮沢賢治の精神」の一端が理解でき、受賞が納得できるものとなるのだが、私には半分も分からない。そんな賢治が羅須地人協会を設立し、法華経の基本精神である菩薩行の実行を一人実践したのだろうか。そのことに崇高な意味を認めることが出来るが、他の法華経を信ずる者達はそのような賢治を見て何を感じていただろう。同じ法華経を信奉する者でも理解が異なり、賢治一人だけが別だというのだろうか。

何故、賢治一人だけに修羅の道を歩ませたのか。私の知る限り、賢治に進むべき道を教えてくれた者も道を作らなかったし又、歩まなかった。賢治没後84年経った今日でも継承していく者は現れていないと思うのである。

震災後、私のやっている「風の電話」「森の図書館」活動が、社会から賢治の精神の実践という目で見られていることは意外でもあり、何でまたという思いが強い。私などには「宮沢賢治の精神」は良く分からないし、分かった振りもすべきではないと考えている。

只、受賞前に大槌宮沢賢治研究会を発足させ、被災地に生活する我々はこれから「どのように生きなければならないか」を考えた時、賢治の「利他の精神」を基に被災地のみならず世界中皆助け合って生きていかなければならないと思うのである。

4、大槌と宮沢賢治の関わり

１９２５（大正14）年１月５日、宮沢賢治は積雪の花巻を21時54分発の夜行列車で東北本線を八戸に向かった。賢治29歳。「異途への出発」として「みんなに義理を欠き、荒んだ海辺の原や／林の底の渦巻く雪に／からだをいためて来るだけ」と詠んでいることから、この時の賢治は心象的な文学者から、求道的な生活者へと大きく転換する心理状態になっていたと推察される。

１月９日に花巻に戻るまでの三陸海岸を南下途中に７編の詩を詠んでいる。そして、大槌に関わるものとして、薔薇輝石を詠んだ「暁穹《ぎょうきゅう》への嫉妬《しっと》」、また大槌川の河原で詠んだ「旅程幻想」の2編の詩がある。私はこれらを、震災による壊滅的な被害から大槌再生の力にすることを考えている。

先に宮沢賢治記念館で開催された、賢治と三陸海岸とのつながりを伝える企画展「イーハトーブ海岸と賢治」を、大槌と宮沢賢治の関わりを知る良い機会になると考え、そっくりお借りすることにした。２０１４年12月10日の搬出日に借り受け、12月13日から翌年の3月1日まで町教育委員会と共催して中央公民館で「イーハトーブ三陸海岸展」を開催した。会期中の2月15日には「大槌町と宮沢賢治の関わりを知る」として研究発表、２部に「賢治に背中を押されて」の講演会を開催、第３部として「大槌宮沢賢治研究会」を発足させた。東日本大震災からの被災地大槌の復興には、地域の伝統文化や人々の強い絆に十分配慮を払う復興でなければならない。民話や祭り、人々の忍耐強さを魅力的にする新しいかたち、新しい歴史を創造する復興でなければ元の賑わいを取り戻すことはできないと考える。

それらの新しい動きとして、「イーハトーブメルヘン街道構想」がある。日本メルヘン街道はグリム童話をはじめ、多くの民話や物語にちなむ土地を網羅し新設の観光ルートとして定着しているドイツのメルヘン街道が手本となっている。日本メルヘン街道は宮沢賢治の花巻を起点に、東は釜石、大槌、西は男鹿半島までを結ぶコースである。沿線には賢治をはじめ、遠野の民話を収録した佐々木喜善、「ひょっこりひょうたん島」の井上ひさし、「かなりや」「浜辺の歌」の作曲者成田為三らの関連施設があり、点から線につなげることによって文学の力でにぎわい創出を図ろうとするもので、花巻市を中心に活動が進められている。

その他、国で進めているものに「三陸ジオパーク構想」「潮風トレイル構想」があり、これらと共に連携することが新たな経済と雇用を創出し、復興を確かなものにしていくと考える。

被災地は今、明るい未来像を求めている。将来のあるべき姿をしっかりと描くにはその為の原動力が必要だ。音楽を始めとする文化や芸術、文学は夢を創造する力になるだろう。

その為にも、大槌に関係のある宮沢賢治の詩碑を建立し、イーハトーブ三陸海岸を結ぶ他市町村と交流と連携を深めていく中で、新たな観光ルートを開発し、それらを生かした交流人口の拡大に寄与する活動を進めていかなければならない。また、宮沢賢治の利他精神に基づいた「誰かの人のために自分は何ができるか」「ほんとうのさいわい」というキーワードを研究し、被災地に暮らす我々の生き方を見つけていきたいと考える。

【大槌と賢治と薔薇輝石】

賢治は１９１５（大正４）年から１９２０（大正９）年まで盛岡高等農林学校（現岩手大学農学部）に在席していた。学校には島津製作所の標本、鉱石№１５３の薔薇輝石があった。それには、陸中国上閉伊郡大槌村産出（明治22年）と記されていた。又、図書館にあった賢治が愛読していた「大鉱物学」下巻（大正7年刊行）にも薔薇輝石の記述と写真があり、賢治はそれらにより薔薇輝石について知見を深めていた。

1919年2月2日父政次郎あての封書では、花輪の鉄石英、秋田諸鉱山の孔雀石、九戸郡の琥珀、貴蛇紋石、大槌の薔薇輝石等と、大槌の薔薇輝石を使った宝飾品の商売をしたい旨をのべている。

1925年1月5日花巻で夜行列車に乗った賢治は、翌朝6時05分に八戸線の種市に到着。それから徒歩で吹雪の中を久慈に向かう途中、現普代村の海岸で暁の空に薔薇輝石を連想し「バラ輝石や雪のエッセンスを集めて、ひかりけだかくかゞやきながらその精麗なサファイア風の惑星を溶かそうとするあけがたのそら」と「暁穹への嫉妬」の一節を詠んでいる。

その薔薇輝石は、大槌産だとの思いは賢治の意識の中にあったのだろうか。偶然にも暁の空に遭遇したことで詠まれたと思いたい（野田玉川鉱山の本格的な採鉱は1928年からであり1925年に賢治が「暁穹への嫉妬」を詠んだ時期には採鉱していなかった）。普代村に「暁穹への嫉妬」の文語詩「破れし少年の歌える」の詩碑があるが、未だ「暁穹への嫉妬」の詩碑はなく、大槌にこそ置きたい文学詩碑だといえる。そして、詩碑建立場所として、暁、東雲、曙から日の出と一連のグラデーションが鮮やかに見える浪板海岸、「三陸花ホテルはまぎく」の駐車場脇の草地を候補地として考えている。

１９７３（昭和48）年、岩手県発行の中部北上山地鉱山誌、「北上山地のマンガン鉱床」には、「上閉伊郡では大槌町のみ存在する。大槌鉱山として、室浜（現釜石）の大槌鉱山、大ヶ口の南大槌鉱山、金沢下屋敷の金沢鉱山、桃畑鉱山、浪板鉱山の５鉱山が痕跡をとどめる。中でも浪板鉱山は、明治末期に発見され本格的な開発は昭和に入ってからであるが本鉱山の特徴としてロードナイト（薔薇輝石）とテフロかんらん石を主とする高品位鉱であるとされ今後、薔薇輝石を探索する鉱山としては有力である。」と記されている。

【大槌と賢治と旅程幻想】

「旅程幻想」はどこで詠まれたものか？　賢治没後83年になるが未だ定かでなく、それを明らかにし世に問うことも「大槌宮沢賢治研究会」の使命だと考えている。

賢治が１９２５年1月5日、異途への出発として八戸～久慈、更には発動機船を利用し宮古に夜到着する。1月8日宮古港午前0時発の三陸汽船に乗船した。どこで下船したのか……今日まで特定されてはいない。山田、大槌、釜石、これらの場所を解明する為に、改めて賢治の当時の心理状態及び詩「旅程幻想」の内容を下書稿から調べてみると、1月8日午前2時30分山田港で下船し月明かりの中、山田～大槌の浜街道約16ｋｍを４・５時間かけ歩き、日の出直後の7時30

分頃に大槌に入っていたことが推察される。

「海に沿い、いくつもの峠を越えたり萱の野原を通ったりしてひとりここまで来たのだけれどもいまこの荒れた河原の砂の、うす陽のなかにまどろめば、肩またせなのうら寒く何か不安なこの感じは確かしまいの硅板岩の峠の上で放牧用の木柵の楢の扉を開けたままみちを急いだためらしく」

賢治は、1月8日の夜には山田に船が着くまでに2時間程度しか睡眠をとっておらず、或いは眠らなかったか？　16㎞もの道を歩き、疲れと眠気から眠ってしまった。眠った後、「肩またせなのうら寒」いのは何も心理的、精神的不安感だけでなく、賢治が言うように道を急いだため、物理的に体が汗ばんでいたと推定できる。したがって、目を覚ましたときに少し寒く感じたのだろう。また、硅板岩は大槌町浪板地区にある砕石場では良く見かける、ホルンフェルス一形態の石のことを指していて、今でも掘り出している。更に、当時山田町四十八坂から大槌町浪板にかけては牧場があり牛を放牧していた現実がある。

かつて浪板では、塩田があり製塩が盛んに行われ、その塩で新巻鮭を作っていた。また、塩を内陸に運んだりする時に牛を使っていた。それらを裏付けるものとして、浪板には「浪板牛方節」という牛方達が旅先の宿で余興に歌った伝承芸能が残っている。このように詩「旅程幻想」の背景から賢治は間違いなく山田で下船し、浜街道を歩いて大槌に入っていると推察できる。

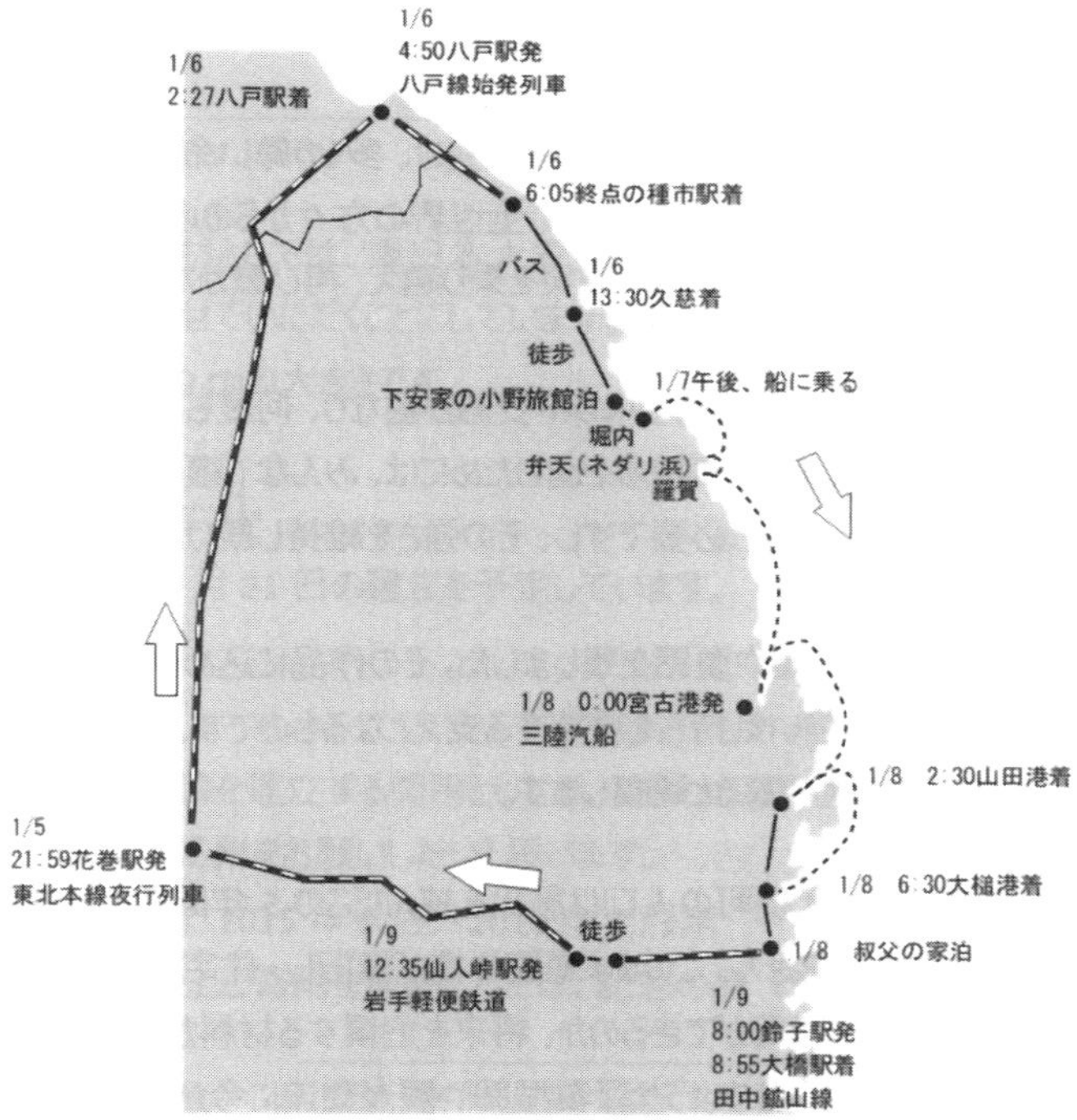

推定される三陸旅行の行程（木村東吉氏の研究を参考に作成）

　では、大槌川か小鎚川のどちらで休んだのだろうか。コース的に見て大槌川と言えるのだが、詩の背景から何か読み取れないか見てみると……詩の最後の部分「**そこの光ってつめたいそら……その川上の幾重の雲とつめたい日射しの格子のなかで何か知らない巨きな鳥がかすかにごろごろ鳴いている**」に見てとれる。ここでは空、雲、日射しと空に関した語句が並び、山やそれらに関連した語句は出てこない。小鎚川では、川の上流遠くに標高８００メートルの新山《しんやま》が望まれ、いかにも詩に表現するのにふさわしい情景であり、この場合、空と併せて山の表現も取り入れるのではと考えられる。一方、大槌川は河原に佇んでみると、近くの裸木の山が目の前に迫り、何ら詩情を呼び起こすのも難しい風景に思われる。従って、賢治の視線は空とか雲、日射しに向かい、見えないかすかな雷の音を感じとるという、山の入らない表現になったのではと考える。

以上のことから賢治が休んだ河原と云うのは、山田からいくつもの牧場を越えて、浪板の今でいう「望洋《ぼうよう》が丘《おか》」の峠を越え吉里吉里《きりきり》から安渡地区を経てすぐ脇を流れる大槌川の河原に休憩したと考えるのが妥当な線であろう。

「旅程幻想」の詩碑建立場所としては大槌川の安渡地区から沢山地区あたりを候補地として考えているが、大槌川周辺が整備復興されるのは平成29年～30年度になり、計画が未だ固まっていないところから場所は未定である。しかし今後、その周辺の公園造成地も含めて決まるものと考える。

5、宮沢賢治の詩碑建立

震災後、被災地には全国から多くのボランティアが「縁」とか「絆」だと言って支援に入り、ガレキ処理に始まり被災者に対する音楽活動、子供たちの学習、仮設に暮らす人達への寄り添い、傾聴等々、長期に渡り継続的に支援している。また、ハード面の復旧も高台へ防災集団移転団地を造成し、町民への引き渡しや、公営団地建設そして入居、公共施設の道路、橋、病院等々ここにきて急ピッチで進んでいる。これらは大槌町職員の何倍もの派遣職員や任期付き職員、ＮＰＯ法人、種々の業種の方々の協力の基に進んできた。これらの多くの方々の助けがあって私達は今生きることが出来ていると考える。

しかしながら生死の境を潜り抜け生き残った我々に、これから「どのように生きるべきか」誰も教えてはくれないし、何処からも声は聞こえてこない。

いつの時代でも、どんな状況でも、残された私たちには、突然の災害で無念のうちに亡くなった人たちや、これから生まれてくる子供たちに対して、どのように生きるか示す責任がある。大槌宮沢賢治研究会は、生き方の指標として宮沢賢治が生涯の信条とした「利他精神」や「誰か人の為に」の中に学ぶべき精神があると考えている。大槌宮沢賢治研究会はそれらを追求した先に賢治のいうところの「ほんとうのさいわい」があると考えている。

しかし、現実問題として精神論的な話での人の啓発や会運営は、非常に難しい面がある。精神的なものと、物理的に目に見える形のものを同時に進行していかなければ、なかなか理解浸透していくものではないと考えた。

そこで、大槌町と宮沢賢治の関わりを顕彰する詩碑「暁穹への嫉妬」と「旅程幻想」の2基を建立する計画を立て、建立趣意書を作制し募金活動を始めた。募金はなかなか計画どおりに集まらなかったが、除幕式の日取りは2016年9月19日と決まっていて、それに向けた準備を進めていった。陸中国立公園内に設置する問題点もなんとかクリアした。花巻市の林風舎代表である宮沢和樹氏の了解も得ており、1基目詩碑「暁穹への嫉妬」については9月初旬の完成見込みで進めてきた。

9月に入り、何とか1基を建立するだけの募金も集まり、石材店に建立工事の指示を出した。会のメンバーには全員で役割分担をして、それぞれに動いてもらった。除幕式典の案内状、道路使用許可申請、プログラムづくり、出欠の集計、看板製作、紅白幕・白布・紅白紐・白手袋・胸リボン、講演会・祝賀会の準備等々、連日会を開き進捗状況を確認して進めた。

2016年9月19日除幕式当日を迎えた。雨天が心配されたが何とか持ちこたえた。主催者挨拶の後、来賓の大槌町長、町議会議長、大槌観光協会会長のご挨拶があり、続いて大槌町、花巻市の両教育長を加えた6人により、司会者の合図で詩碑が除幕された。初めて目にした方からも「堂々とした立派な詩碑だ」とお褒めの言葉をいただいた時、今までの苦労が報われたと感じた。しかし、これは植物に例えるなら種をまいた段階にすぎず、これから水や肥料をやり育て、花を咲かせなければならない。我々研究会の趣旨が多くの人に受け入れられ、誰か他人

大槌宮沢賢治研究会会議の様子

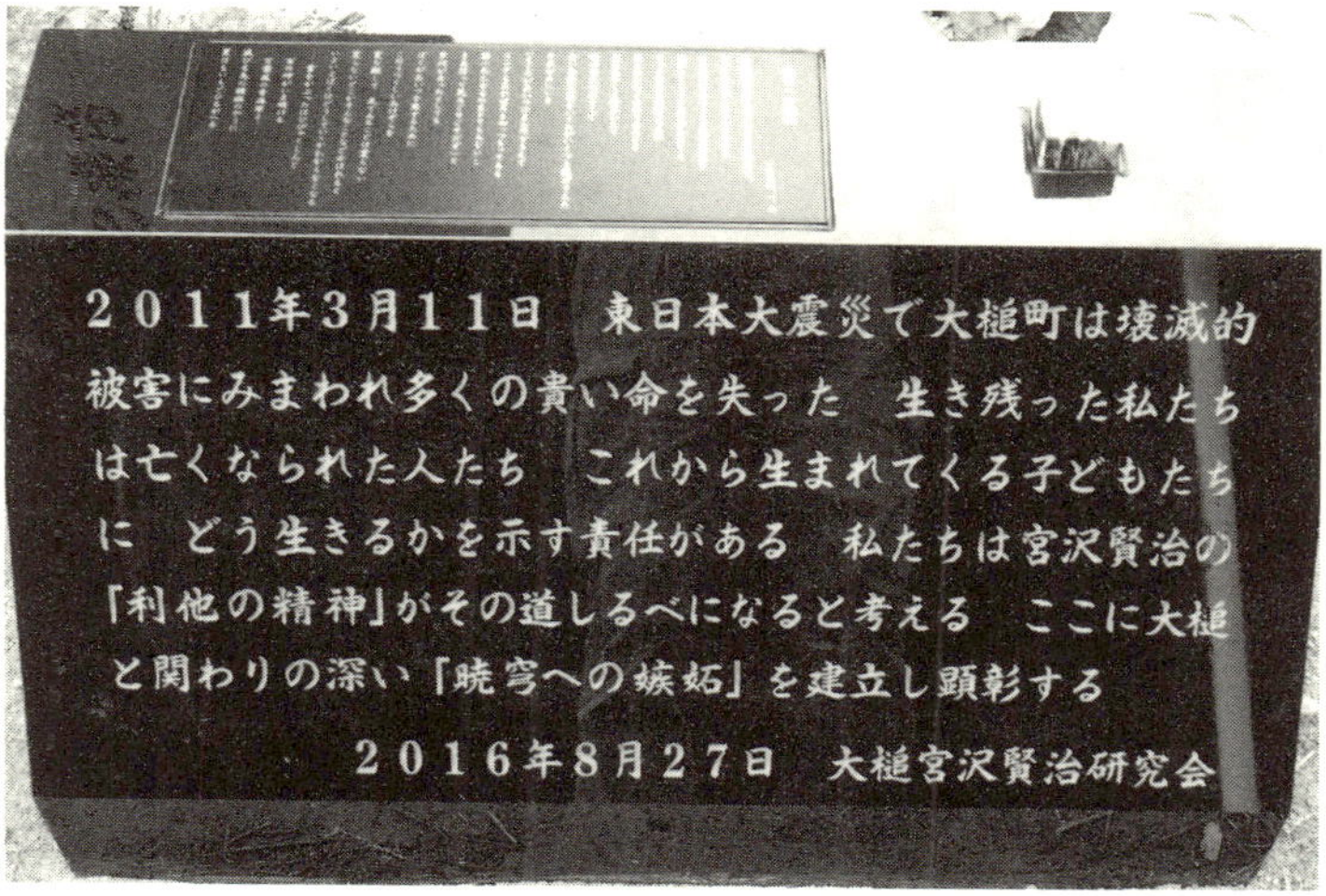

賢治研究会の建立の趣旨

除幕式典での子どもたちのバイオリン演奏

の為に役立つことに喜びを見いだす人が増えた時、花が咲いて実ったと感じることだろう。

除幕後、詩「暁穹への嫉妬」の朗読と解説、子供たちのバイオリン演奏、吉里吉里鹿子踊りを奉納して、第1部は厳粛の内にも盛会に行われた。その第1部の除幕式典で皆さんの出席に対するお礼の後、私は次のように挨拶している。

「大槌宮沢賢治研究会は昨年2月15日に発足しました、現在会員は25名の小さな、新しい会です。研究会では、震災後の被災地に暮らす人たちの生き方はどのようにあるべきかを研究しています。大槌町は東日本大震災で壊滅的な被害に見舞われ、多くの貴い命を失いました。しかし、全国からの多くの支援により助けられ生き残った私達には、亡くなられた人達や、これから生まれてくる子供達に対して、どのように生きるかを示す責任があります。私達は宮沢賢治の「世界が全体幸福にならないうちは、個人の幸福はありえない」という考えのもと、「利他の精神」がその道標《みちしるべ》になると考えます。今、「心の復興」が声高に叫ばれていますが「心の復興」とはどのようなことなのでしょうか。多くの方に聞いても、心もとない返事が返ってきます。私は大きな意味で、被災地に暮らす皆さんが生きる目的、目標を取り戻すことではないかと考えます。これは私達大槌宮沢賢治研究会の活動精神の中核となっている「どのように生きるか」に相通じるものがあると思っています。

しかし、目には見えない精神論で人々を啓発することは非常に難しく、それを物理的に見える形にしたのが、大槌と関わりの深い薔薇輝石を詠んだ「暁穹への嫉妬」の詩碑であります。宮沢賢治の詩碑ではありますが建立の精神を理解するならば、震災で無念のうちに亡くなられた方々にとっては慰霊の碑となり、新しく生まれてくる子供たちにとっては、賢治にふれる場を共有することになり、震災を未来に語り継ぐ記念の碑になると考えています。また、大震災を悲惨な記憶としてだけ残すのだけでなく、東北の、岩手の人々の魂や忍耐強さ、地震や海と共に生きていく逞しさを伝えなければなりません。そして、災害を乗り越えて新たな経済と雇用を創出しなければ、町が再び甦ることはあり得ないと考えることから、これら詩碑のあるイーハトーブ他市町村と交流と連携を深め、テーマ性のある周遊ルートの開拓等、教育と文化の高い豊かな町づくり、観光による交流人口の拡大に寄与する方向に活動を進めなければならないと考えています。

結びになりますが、本日詩碑建立除幕式典を開催するにあたり、お力添えをいただきました全国の皆様方に改めて、心より感謝申し上げます。今後とも大槌宮沢賢治研究会にご指導ご鞭撻を宜しくお願い申し上げます」

ここでは詩碑の建立までの経緯もさることながら、何故建立されたのかその意味を、その精神を理解して頂きたかったのだが、後で、それぞれの方々が発信しているブログやメールを見ると、私が望んでいたように建立された精神まで理解されたようではなかった。話し方にも問題はあるが、精神性を理解してもらうことは非常に難しい。賢治研究会の前途多難さを想起させられた。

6、イーハトーブ三陸沿岸の連携

除幕式挨拶でも述べているが、詩碑建立後の計画として、イーハトーブ三陸沿岸の詩碑のある他市町村と交流連携し、賢治さんが１９２５年花巻を出発し、久慈から釜石までの4泊5日旅行コースを、テーマ性のある文学観光ツアーとして構築することを考えている。この旅行は賢治の行動に謎の部分が多い。第1に、なぜ真冬の1月5日の寒い時期だったのか。第2に、「異途への出発」に見られる「みんなに義理を欠き、荒んだ海辺の原や林の底の渦まく雪に体を痛めてくるだけ」。これらの表現に見られる精神性はどこから来て、何を指しているのか。第3に、なぜ吹雪や夜道を歩かなければなかったか。第４に、なぜ１９２５年、賢治が29歳の年でなければならなかったのか。第5に、なぜ種市から下安家まで歩いたのか。途中乗り合いバスは利用しなかったのか。

下安家のどこの港から発動機船に乗ったか、宮古から1月8日、0時00分発の三陸汽船に乗りどこで下船したのか等々、捜せば数限りがないほどの「なぜ」が出てくる。その時の賢治には吹雪の中を歩くとか、夜道を歩くという困難を自ら進んで求める行為は、むしろ修行だと思っていた節がある。これまでの心象的な文学者から、求道的な生活者へ転換しようとする精神状態になっていたと考えられる。いずれにしてもこの時の旅行は、賢治研究者にも分からない謎に満ちているところが多いのである。関係市町村と交流を深める中で、地元関係者には「地元の者でなければ分からないこと」を再度調査していただき、改めて世の中に問うことをしたい。そして、これを「宮沢賢治三陸旅行の謎をさぐるツアー」と企画することで、多くの賢治ファンの関心を集めるのではないだろうか。既に、今年6月4日には北三陸の久慈、野田、普代、田野畑、宮古までの各市町村の関係者と交流を実施しており、11月12日の第2回目は南三陸方面の交流として釜石、住田、江刺、陸前高田までの詩碑見学と関係者との交流を実施してきた。この中でそれぞれの地域には隠れた愛好家や研究者が独自の研究をしていて、まさに地元研究者でなければ分からない事柄に触れる多くの機会を得ることが出来た。

陸前高田高校にあった詩碑「農民芸術概論綱要」総合の一節「まづもろともにかがやく宇宙の微塵となりて無方の空にちらばろう」の銅板製の碑文は津波の被害で流失してしまい、今は碑石だけが大船渡高校の空き地に、門柱等と一緒に置かれていた。イーハトーブ三陸沿岸の連携を目指すグループとして、再建の支援が出来ればと思い陸前高田市の市議会議員を通じて確認してもらったところ、既に他県の議員を通じ再建費用は確保されているとのことだった。また碑文の基になった谷川徹三氏の揮毫した色紙は残っており、それを基に高田高校創立75周年の時期に合わせ再建立する予定であると話を聞き、ほっと胸をなでおろしているところである。

交流会が深まることにより、連携した活動が可能となると考えている。今、三陸沿岸の被災地では災害復興が徐々にではあるが進んでいる。しかし、街並みを再建させても郷土芸能や祭りを復活させても、それは単なる災害復旧に他ならない。それらだけで震災前の賑わいを取り戻すとも思えない。人口減少が急速に進む中、観光による交流人口の拡大は、今まさに地方にとって数少ない課題の一つである。そこには「新しい歴史を創造する気概と、アイデア」が必要となっている。国土交通省で進めている三陸ジオパーク構想、環境省の潮風トレイル構想、民間のメルヘン街道構想等と共に、各地域が積極的に独自のアイデアを出し、イーハトーブ三陸沿岸各市町村が一体となった取り組みが必要になると考える。

今進めている「宮沢賢治とつながる三陸沿岸連携構想」もその一つにしていかなければと考え

サミット会場

て、詩碑建立から5か月が過ぎた２０１７年２月18日、イーハトーブ三陸沿岸連携構想として「宮沢賢治イーハトーブ三陸沿岸サミットin大槌」を開催した。詩碑建立除幕式から期間も短く、開催の準備時間も余り取れないことから開催が危ぶまれたが、勢いに乗り一気に体制固めをするとの決意で臨んだのだった。

プログラムでは、当日13時からプレイベント上映会としてアニメ映画「銀河鉄道の夜」（１９８５年）を上映、小さな子供から大人まで賢治作品の夢のような構図の中に友の死とか貧困の世界を共有することができた。

第１部のパネルディスカッションは私の基調講演「宮沢賢治と大槌の関わり」の後、16時から17時半まで釜石ぎんどろの会会長：中村公一氏、すみた森の案内人事務局長：佐々木慶逸氏、陸前高田市観光協会副会長：実吉義正氏、三陸ＤＭＯセンター観光プロデューサー：北田耕嗣氏、三陸ジオパーク推進協議会：関博充氏、大槌宮沢賢治研究会会長佐々木格の6名により、連携によって生まれるイーハトーブ海岸の可能性等について話し合われた。その後、パネルディスカッションは会場の参加者も一緒になり盛り上がり、被災地の復興に寄せる思いの大きさに感動を覚えた。

第2部は交流会として18時から20時まで、賢治作品（花巻：「異途への出発」、田野畑：「発動機船Ⅲ」、大槌：「暁穹への嫉妬」、釜石：「峠」、陸前高田：「農民芸術概論綱要」の一節等）を元アナウンサーの畑中美那子氏が大久保正人氏の尺八・篠笛・鈴などの演奏をバックに朗読した。交流会の最後には全員で星めぐりの歌を歌って、第1回宮沢賢治「イーハトーブ三陸沿岸サミットin大槌」は終わった。次には、いよいよ「宮沢賢治イーハトーブ海岸謎解きツアー」なる企画書が各旅行代理店に提案され、我々の活動が教育と文化の高いまちづくりを目指した活動として、最終的に「ほんとうの幸い」や「誰か他人のため」につながるモノになるかが問われている。

おわりに

　私たちの生きている社会は日々状況が変化している。その変化を受け入れようと背を向けようと、その流れは簡単に変わるものではない。それは、個人の生活周辺においても同じである。大震災から6年が過ぎ、振り返れば私だけではなく皆さんもまたそうであったように、その変化の渦中に飛び込み、もがきながら身を置き、考え、行動してきたと思う。

　私自身、協調する時もあり、みんなと異なる独自の行動を取った時もあった。只、一貫して言えることは今日まで72年の人生の中で、サラリーマン時代に新規事業を立ち上げ、収益を生み出すようになった時の充実感とも違う。また、絵を完成させた時の達成感とも異なる。社会の中で生きている、という皆と共に生活の喜び、悲しみ、苦しみを共有できているという気持ちと、世の中みんな何らかの関わりをもってつながっているのだという実感を得ることによる、心の充足を味わう充実した6年間だったと言える。変化の中に飛び込み、そこで生きるには体力も気力もいる。そして何よりも全ての生きものは助け合ってこそ生きていける。何故なら、どんなものでも何らかの関わりを持たせられてこの世に存在しているのだ、という世界観を持つことが必要だと考えている。

あらゆる生き物にとって良いということは理想的すぎる考え方のように思えるが、その理想像がなければ生き方の指針がないのと同じであり、問題が発生しても目指すところを設定することが出来ない。理想を追求する中で、目指すところがあってその都度おきてくる問題にどのように対処するか見えてくる。目標とするものがあり、態度が決まれば解決策は出てくるものだ。従って、どのように生きるか、常に理想像が先になければならない。

大震災から5年を経た時、当時中学3年生だった子供たちが成人式を迎えるようになった。その子たちが一様に「誰か他人のために役立ちたい」と云うのを聞いて、自分の20歳の頃と比べてしまった。私などは夢想だにしなかったことを、今その新成人者たちから聞くことが出来る。大震災を体験した子供たちには、価値観が大きく変わるような出来事だったに違いない。しかし、その衝撃を体で受け止め、乗り越えて今物事に対する考え方、価値観が大きく変わったと感じる。本当に大事なもの、大切なもの、物事の本質とは何なのかということを理解してきていると見ることが出来る。

人々の物事に対する価値観が変われば、社会が変わる。世の中経済至上主義、成果主義一辺倒の消費時代が、大震災を経験した新成人たちによって既に見直されているのではないか。世の中は転換期に入っていることを実感させられる。全てが合理的、効率的にお金を稼ぎ、物をどんどん消費する世の中から、人間の生きる力を信じる豊かさへ、都会から地方へ、他人への無関心からコミュニティの場における人間性の回復へ、お互い助け合う生活の中から本当のさいわいを追及し、持続可能な社会を創出する時代がすぐそこまで来ている。私には、大きく人間回帰が予感されるのである。

そして、災害、事故、その他等で悲しみ、悩み、苦しんでいる方々を一人ひとりの人が誰か他人を助けることに喜びを見出すとき、本当に豊かな社会が実現できるのではないだろうか。さて、ここまで書いてきて皆さんが最初に感じた〝なぜ〟の疑問が解消されただろうか？　出来るだけ答えようと思うのだが、自分のことは自分ではよく解らないものだ。私は常々、人物評価として見かけ8割、意外性2割と思っているが、皆さんの思うところはどうだろうか、それこそモノゴトは見る人の見方ひとつであり、事実は只そこにその通りあるだけである。事実を見て、世の中の変化にどのように対応していくのか、そこには常に過去の歴史を振り返り学んだ知識、技術をより良く反映させ、何をどう変えなければならないか熟慮が必要とされる。自分がこれからも変わろうとする意志を持つことができるか。変わらないのは、変わろうとする意志の問題であるということを改めて自分に問いかけている。

最後になりましたが、本書の出版に際しご尽力頂いた風間書房の風間敬子社長、グリーフケア専門の立場からアドバイスや、風間社長と共に文章の推敲にご協力頂いた慶應義塾大学の矢永由里子先生、また本書初期の段階より校正に関わり意見を頂いた、いわてＺＩＮＥアシル編集人の佐藤羽衣さん、ベルガーディア鯨山の日々の活動のパートナーである妻祐子、そして、ベルガーディア鯨山の活動を支援している全国の皆さんに心から感謝いたします。

「風の電話」を構想するきっかけを与えてくれた、今は亡き従兄の武川博久さんに本書を捧げたい。

今、自分の命の在ることに感謝し、心豊かに生きるため感性を育み、ベルガーディア鯨山を訪れる人との対話を楽しみ、新しい物づくりの努力を積み上げていきたいと思う。「風の電話」は今、訪れた人全ての「心のふるさと」になった。

佐々木　格

２０１７年６月

著者略歴

佐々木　格（ささき　いたる）

1945年　岩手県釜石市生まれ
ガーデンデザイナー。釜石製鉄所に長く勤務後、1996年早期退職する。
1999年　大槌町浪板に移住。ガーデン「ベルガーディア鯨山」を主宰する。
2011年　東日本大震災をうけ「風の電話」、2012年「森の図書館」をガーデン内に設け、人々の心のケアや子どもの感性の育みを中心に活動中。
2015年　宮沢賢治 イーハトーブ奨励賞。大阪府立大学マイクロライブラリーアワード特別賞受賞。

現住所
岩手県上閉伊郡大槌町吉里々々第9地割36-9　TEL 0193-44-2544
E-mail: bell-gardia@aqua.plala.or.jp

風の電話
―大震災から6年、風の電話を通して見えること―

二〇一七年　八月一五日　初版第一刷発行
二〇一七年一〇月三一日　初版第二刷発行

著　者　佐々木　格
発行者　風間敬子
発行所　株式会社　風間書房
101-0051　東京都千代田区神田神保町一―三四
電　話　〇三―三二九一―五七二九
FAX　〇三―三二九一―五七五七
振　替　〇〇一一〇―五―一八五三

印刷　堀江制作・平河工業社
製本　高地製本所

NDC 分類：901.6
ISBN978-4-7599-2188-5　Printed in Japan